체계기능언어학의 기초

| 저자 소개 |

데이비드 뱅크스(David Banks)는 프랑스 브리타니 옹씨덩딸르 대학(the Universite de Bretagne Occidentale)의 명예 교수이다. 응용 언어 연구 학회(Equipe de Recherche en Linguistique Appliquee, ERLA)의 영어 부장 및 프랑스 체계기능언어학회(Association Française de la Linguistique SystemiqueFonctionnelle, AFLSF) 회장을 역임했다. 30권 이상 저서의 저자이자 편집자이며, 110편 이상의 학술 논문을 출간하였다. 그의 2008년 저서 '과학적인 작문의 발달: 언어학적 특성과 역사적 맥락(The Development of Scientific Writing: Linguistic features and historical context)'은 2010년 영어 및 언어학 연구 유럽 협회 도서 분야(European Society for the Study of English Language and Linguistics Book Award)에서 수상하기도 하였다. 주요 연구 관심사는 과학 텍스트에 대한 통시적 연구, 그리고 영어와 프랑스어에 체계기능언어학을 적용하는 연구이다.

이 책은 체계기능언어학을 소개하기 위해 간략하게 쓰였으나 마냥 단순하지만은 않은 입문서로서, 공부를 시작하는 학생들에게는 도약을 위한 발판이 되어 줄 것이며, 숙련된 언어학자들에게는 다시 한 번 개념을 짚어볼 수 있는 기회를 제공할 것이다. 모든 예문을 21세기 텍스트로부터 가져온 최초의 SFL 개론서로서 이 책은 어휘문법 및 위계 이동 개념으로부터 체계기능언어학을 개관하여 평가 이론까지도 다룬다. 이 책은 외국어로서 영어를 공부하는 학습자나, 영어를 연구하는 사람들을 위한 것으로, 체계기능언어학을 연구하는 사람들에게 쉽게 읽을 수 있는 개론서이거나 다시 한 번 개념을 되짚어 볼 수 있는 과정을 제공할 것이다.

체계기능언어학의 기초

초판 인쇄 2023년 2월 15일
초판 발행 2023년 2월 24일

옮긴이 이관규, 신희성, 정혜현, 노하늘
펴낸이 박찬익
편집 이기남
책임편집 권효진
펴낸곳 (주)박이정 ∥ 주소 경기도 하남시 조정대로 45 미사센텀비즈 F827호
전화 031-792-1195 ∥ 팩스 02-928-4683
홈페이지 www.pjbook.com ∥ 이메일 pijbook@naver.com
등록 2014년 8월 22일 제2020-000029호
ISBN 979-11-5848-859-8 (93700)
책값 20,000원

A Systemic Functional Grammar Of English by David Banks
© 2019 Taylor & Francis
All Rights Reserved
Authorised translation from the English language edition published by Routledge, a member of the Taylor & Francis Group LLC

체계기능언어학의 기초

David Banks 지음

이관규·신희성·정혜현·노하늘 옮김

A Systemic Functional Grammar Of English

박이정

| 역자 소개 |

이관규 고려대학교 교수

『학교 문법론』, 『국어교육을 위한 국어 문법론』, 『우리말 우리글(공)』, 『북한의 학교 문법론』, 『남북한 어문규범 변천과 과제』, 『체계기능언어학 개관(공)』 등

신희성 고려대학교 연구교수

『문법 가르치기(공역)』, 『체계기능언어학 개관(공)』, 「체계기능언어학을 활용한텍스트 분석의 양상과 쟁점」, 「성인 필자의 글쓰기 과정에서 나타난 어휘문법적 선택 및 메타인지 연구」 등

정혜현 고려대학교 시간강사

『체계기능언어학 개관(공)』, 「남북한 사이시옷 표기 규정의 차이와 쟁점 분석」, 「통일 관련 역대 대통령 연설문에 나타난 동성(transitivity) 체계 선택과 인식 분석」 등

노하늘 고려대학교 시간강사

『체계기능언어학 개관(공)』, 「국어과 문법 교과서 예시 시각화 방안 연구」, 「초등학교 4, 5학년 학습자의 경험적 대기능 발달 연구(공)」 등

| 저자 서문 |

이 책을 쓰기까지 많은 분들의 도움이 있었습니다. 저에게 있어서는 첫째로 그간 제 강의에 참여해 준 많은 학생들이 그렇습니다. 의식적으로 그러한 것은 아니겠으나, 학생들은 제가 초심자를 위한 체계기능언어학을 구축하는 데 있어 큰 도움을 주었습니다. 둘째로 지난 몇 년 동안 언어학 학회를 통해서 그리고 비공식적인 토론을 통해서, 제가 언어를 그리고 언어가 어떻게 작동하는가를 더 잘 이해할 수 있도록 이끌어 준 수많은 동료들의 도움이 있었습니다. 이런 간소한 표현으로는 그들이 저에게 많은 도움을 주었다는 것을 알아채지 못할 수도 있겠습니다만, 모쪼록 깊은 감사의 마음을 전합니다.

그리고 저작권이 있는 출판물을 사용할 수 있도록 허락하여 준 아래의 분들에게도 감사의 마음을 전합니다.

- 케임브리지 대학 동문회 매거진(Cambridge Alumni Magazine), CAM으로 인용
- 패밀리 라이프(Family Life), familylife.com.으로 인용
- 가디언 뉴스 & 미디어사(Guardian News & Media Ltd), Guardian Weekly 혹은 theguardian.com.으로 인용
- 크랙 매거진(The Crack Magazine), The Crack으로 인용
- 프로페서스 하우스(The Professor's House), professorshouse.com.으로 인용
- 영국 정부 문서는 영국 정부에서 제공하는 오픈 라이센스를 통하여 이용.

활동 및 연습에 대하여

각 장의 끝에는 해당 장에서 읽은 내용을 보다 깊이 있게 이해를 할 수 있도록 도와주는 일련의 실제적인 활동들이 있습니다. 해당 활동에 대한 풀이는 활동 및 연습 뒤에 제시되어 있습니다. 하지만 언어 분석이 기계적인 작업이 아니라는 점을 꼭 명심해야 합니다. 언어는 인간에 의해 창조되는 것이고, 인간은 언어를 사용하는 방식을 끊임없이 미세하게 조정해 나갑니다. 따라서 해설에서 제안된 것과 다른 답을 떠올렸다고 해도, 틀린 것은 아닙니다. 어쩌면 해설에서 분석된 것과는 다른 방식으로 발췌문을 해석해낸 것일 수도 있습니다. 그러니 해설과의 차이를 꼼꼼하세 살펴보십시오. 자신의 해석이 타당하지 않다고 판단된다면 자신의 해석을 바꾸면 되고, 자신의 해석이 꽤 타당하다고 판단된다면 그 해석은 해설과는 다른 또 하나의 답이 될 수도 있습니다.

이 책을 수업에서 사용하게 된다면, 4-5명으로 구성된 모둠 활동을 통해 어떤 다른 의견이나 해석이 가능할지에 대해서 자신의 답과 해설, 그리고 같이 배우는 다른 학생들의 답과 비교해 보시고, 최종적으로는 필요하다면 선생님이나 강사님의 답과도 비교해 보십시오.

브리타니 옹씨덩딸르 대학에서
데이비드 뱅크스

인간 중심의 학문, 체계기능언어학!

언어는 인간과 인간을 이어 주는 매개체이다. 화자가 자신의 생각을 말하면 청자는 화자의 의도를 바로 알아듣기도 하고 그러지 못하기도 한다. 화자가 그런 말을 하는 맥락을 알아야 청자는 정확히 말을 이해할 수 있을 것이고, 반대로 청자가 어떤 상황인지 알아야 화자는 자신의 말이 제대로 전달되었는지 알 수 있을 것이다. 언어가 사용되는 맥락이 화자와 청자에게 공유되어야 의사소통이 제대로 이루어질 수 있게 된다.

맥락은 의사소통에서 아주 중요한 역할을 한다. 맥락은 사회문화적인 것과 상황적인 것으로 나누어 볼 수 있는데, 관습이 반영된 전자의 맥락을 흔히 장르라 하고, 개인마다 차이가 있는 후자의 맥락을 사용역이라 한다. 우리들은 공식적이든 일상적이든 일정한 사회 속에서 언어생활을 영위한다. 인간은 사회적 동물이라는 말에서 화자와 청자라는 개념이 전제되기도 한다. 인간을 사회와 떼어서 생각할 수 없듯, 언어도 맥락과 함께일 수밖에 없다. 실제 생활 속의 언어는 담화 혹은 텍스트로 존재한다. 흔히 담화는 구어, 텍스트는 문어에서 문장 이상의 단위를 연상하지만, 체계기능언어학에서는 담화나 텍스트를 단위가 아닌 언어의 실재이자 사례로 바라본다. 다만 전자는 사회문화를 반영한 관점을 부각하고, 후자는 언어 체계의 실현을 부각한 것이다. 중요한 것은 체계기능언어학이 담화와 텍스트를 두고서 언어를 관찰한다는 점이다.

언어는 어떤 표현이든지 간에 일정한 의미를 지니기 때문에 대화에 참여하는 사람은 일정한 반응을 하게 된다. 결국 이때의 의미는 정확히 말하면 의미 기능을 뜻한다. 이때 기능이란 우리가 언어를 통해 무엇을 행하고자 하는지의 문제와도 맞닿는다. 또한 언어는 본래 일정한 체계 속에서 존재하는 것이다. 예를 들어 친족어를 생각해 보면 '아버지', '어머니' 등 단어 하나 하나가 일정한 체계를 지니고 있음을 뜻한다. 체계기능언어학이라고 할 때 '체계'와 '기능'이 바로 이러한 뜻을 담고 있다. 체계적이고 의미 기능을 지니고 있는 언어를 학문적으로 살피는 언어 모형이 바로 체계기능언어학이다.

체계기능언어학에서는 언어가 지니고 있는 의미 기능을 유형화해서 크게 관념적 대기능, 대인적 대기능, 텍스트적 대기능으로 나눈다. 관념적 대기능을 통해서 세상을 표상해 낼 수 있고, 대인적 대기능을 통해서 화자가 청자와 어떤 관계를 맺고 있는지 알 수 있고, 텍스트 대기능을 통해서 메시지가 어떤 순서로 나타나는지 확인할 수 있다. 특별히 대인적 대기능에서는 화자가 주어진 메시지를 어떤 마음을 지니고 있는지 태도, 개입, 강도 차원에서 확인할 수 있다. 또한 같은 내용이라도 어떻게 표현하느냐에 따라서 그 효과는 다르게 나타날 수 있는데, 흔히 문법적 은유라는 기제를 체계기능언어학에서는 주목하고 있다. 앞서 사회문화적 맥락의 장르와 상황적 맥락의 사용역을 언급했었는데, 특히 후자를 중시하는 것은 체계기능언어학이 한 사람 한 사람을 얼마나 중시하고 있는지 알게 한다.

이 책은 체계기능언어학을 쉽게 이해하게 해 주는 기초 입문서이다. 흔히 주어와 서술어가 한 번 나오는 절 단위에서 이 이론을 다루곤 하지만, 본래 체계기능언어학이 담화(혹은 텍스트) 차원에서 언어 표현을 살피는 학문이라는 점을 이 책은 잘 보여 준다. 역자들은 약 2년 전에 《체계기능언어학 개관》이라는 책을 출판한 바 있다. 그 책보다 기초적인 이 번역본에서는 필요한 경우에 역주를 붙여서, 한국어 차원에서 체계기능언어학을 이해할 때 도움이 되도록 하였다.

최근 한국에서 체계기능언어학에 관한 관심이 고조되고 있다. 이 번역본이 교수 학습자들에게 조금이나마 도움이 되기를 바라며, 이 번역본을 출간해 준 박이정 출판사에 감사의 뜻을 전한다.

2023. 02. 06.
옮긴 이를 대표하여 이관규 적음

| 차 례 |

01

시작을 위한 몇 가지 소개말

언어는 이해하기 어려운 현상이다. 우리는 하루도 빠짐없이 주변 사람들과 의사소통하며 언어를 사용하기 때문에, 스스로 언어가 무엇인지 잘 알고 있다고 생각하기 쉽다. 하지만 언어가 무엇인지 그리고 어떻게 작동하는지를 깊이 고민하다 보면, 실상 우리는 언어에 대해 알고 있는 것이 거의 없었음을 깨닫게 된다. 심지어 방금 말한 언어를 "사용한다"는 표현조차 오해의 소지가 있다. 이 표현은 언어가 마치 어떤 객관적 실체인 듯한 인상을 준다. 하지만 언어는 추상체이며, 의사소통에 "사용(use)"되는, "저기 어딘가(out there)"에 놓인 도구 상자나 규칙의 목록 같은 것이 아니다. 언어는 일종의 개체인 "무엇(something)"이 아니라, 그저 사람들의 의사소통에서 발생하는 현상이다. 이러한 관점에서 언어는 의사소통과 분리될 수 없다. 언어는 의사소통을 위해 사용되는 것이 아닌 의사소통 그 자체이다.

언어를 바라보는 방식은 매우 다양하지만, 크게 세 가지의 관점이 있는 것으로 생각된다. 바로 "형식적(formal)", "인지적(cognitive)", "기능적(functional)"인 방식이다. 첫째로 형식적인 언어 이론은 이름 그대로 언어를 형식으로 다룬다. 그들에게 언어는 다양한 방식으로 재조직되고, 이동되고, 구축될 수 있는 구조체이다. 폄하하려는 것은 아니나, 나는 종종 이것을 언어의 레고(Lego) 모형이라고 생각한다. 대표적으로 촘스키(Chomsky)와 촘스키를 따르는 연구자들의 접근법이 이 유형에 해당한다. 촘스키는 언어학계에서 가장 저명하다고 할 만한 인물이기에, 많은 사람들은 언어학이라고 하면 형식적 언어 이론만을 떠올린다. 하지만 사실 형식적 언어 이론은 언어를 바라보는 몇 가지 방법 중 하나일 뿐이다. 둘째로 인지적 언어 이론은 의사소통이 이루어질 때 화자의 마음 안에서 일어나는 일을 밝히고자 한다(이하, "화자(speaker)"는 화자와 필자를 모두 포괄하는 의미로 사용). 따라서 인지 이론은 의사소통적인 언어를 생산하는 사고의 절차를 다룬다. 세 번째는 기능적 접근법이다. 이는 언어의 작동 방식(즉, 기능)을 밝히고자 한다.

각각의 접근법은 그들만의 이야기를 만들어 오며, 저마다의 흥미로운 연구를 축적하였다. 하지만 각각이 제시하는 관점에는 분명한 차이가 있다. 다만 인지적 접근과 기능적 접근은 방향성은 반대되면서도 어느 지점에서 수렴되는 경향을 보이는데, 이는 서로 반대 방향에서 동일한 길을 따라가다 보면 그 길의 중간에서 만나는 것과 같다. 인지적 접근법이 인지에서 출발하여 언어 쪽으로 이동한다면, 기능적 접근법은 언어에서 출발하여 인지 쪽으로 이동하기 때문이다. 형식적 접근법은 나머지 두 가지 접근법과 다소 거리가 있다. 하지만 궁극적으로 언어는 형식으로 표현되기 때문에, 어떤 접근법이든 어느 지점에서는 형식의 문제를 다루지 않을 수 없다.

세 가지의 광범위한 부류 안에는 다른 다양한 종류의 접근법들이 있으며, 기능적 접근 안에도 다양한 방식이 존재한다. 이 책이 관심을 가지고 소개하고자 하는 방식은 언어학자 마이클 할리데이(Michael Halliday)의 연구에 기반한 체계기능언어학(Systemic Functional Linguistics)이다. 체계기능언어학이 기능적이라 함은 두 가지 측면에서 이해될 수 있다. 첫째는 체계기능언어학이 언어의 다양한 부분들이 유의미한 의사소통 자원으로서 함께 기능하는 방식에 관심을 가진다는 것이고, 둘째는 체계기능언어학이 언어가 의사소통의 수단으로서 사회에서 어떻게 기능하는지에 관심을 가진다는 것이다. 다른 언어 이론들이 일반적으로 논리학 및 심리학 등의 학문과 교집합을 형성한다면, 체계기능언어학은 사회학과 교집합을 형성한다고 할 수 있다. 이와 더불어 언어에 대해 연구하는 학문으로서 언어학이 다른 여타의 모든 학문들과 구분되는 지점을 한 가지 지니고 있다는 것을 유념해야 한다. 당신이 인류학을 연구한다면 그 연구의 결과는 언어로 표현된다. 물리학을 연구하는 경우에도 마찬가지로 그 결과는 언어로 표현된다. 언어학, 즉 언어를 연구해도, 그 결과는 언어로 표현된다! 언어학은 유일하게 연구 대상과 표현 수단이 동일한 연구 유형인 것이다.

앞서 기술한바, 체계기능언어학에서 '기능적(functional)'이라는 말은 체계기능언어학이 언어를 구성하는 부분들이 내적으로 기능하는 방식과 언어가 사회 속에서 외적으로 기능하는 방식을 다룬다는 것을 의미한다. 더 이해하기 어려운 것은 '체계적(systemic)'이라는 용어인데, 이것은 이 접근법이 '체계(system)'를 다룬다는 것을 의미한다. 이때 체계는 화자가 사용할 수 있는 선택으로 구성된 망(network)이다. 예를 들어, 어떤 말을 하거나 글을 쓰기 위해 명사를 선택하는 시점에서 우리는 가산 명사와 불가산 명사 중 무엇을 선택할 것인가 하는 문제에 직면하게 된다. 만약 가산 명사를 선택했다면, 우리는 다시 그 명사를 단수로 쓸 것인지 복수로 쓸 것인지를 선택해야 한다. 이러한 과정을 작은 체계로 정리하면 아래와 같다.

```
                           ┌─ 단수  singular
              ┌─ 가산  countable  →
              │            └─ 복수  plural
명사 noun →
              └─ 불가산  uncountable
```

만약 하나의 절을 선택해야 한다면, 우리는 직설형(indicative)과 명령형(imperative) 중 한 가지를 선택할 수 있다. 직설형을 선택한다면, 우리는 평서절(declarative clauses, 진술(statements))과 의문절(interrogative clauses, 질문(questions)) 중 한 가지를 선택할 수 있다. 여기서 '질문'을 선택했다면, 극성 질문(polar questions, '예' 또는 '아니요'를 대답으로 요구)과 의문사 질문(WH-questions, '누가, 언제, 어디서, 왜, 어떻게'로 시작) 중 하나를 선택할 수 있다. 이를 다시 작은 체계로 정리하면 아래와 같다.

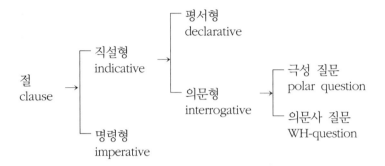

이러한 작은 체계는 훨씬 큰 체계망의 일부분이며, 총체로서의 언어는 궁극적으로 거대하고 또 대단히 복잡한 단일한 체계망를 구성한다. 체계의 각 지점에서 설정된 단계는 건너뛸 수 없다. 직설형을 선택하지 않고는 평서형과 의문형 중 한 가지를 선택할 수 없으며, 직설형을 선택하면 반드시 평서형과 의문형 둘 중 하나를 선택해야 한다. 체계는 왼쪽에서 오른쪽으로 나아가며, 복잡한 체계의 오른쪽 맨 끝에 오는 최종 선택은 메시지를 구성하는 개별 단어를 선택하는 것이 된다. 이는 체계기능언어학의 중요한 특성이다. 대부분의 언어 이론은 어떤 언어의 문법과 그 언어에서 사용되는 단어의 집합(종종 "어휘부"라고 부름)을 구분한다. 하지만 체계기능언어학에서 어휘부(lexicon) 또는 어휘 목록(vocabulary list)은 그 자체가 문법의 일부이며, 별도의 항목이 아니다. 개별 단어에 대한 선택은 일련의 문법적 선택의 최종적 결과인 것이다. 이러한 이유로 체계기능언어학은 일반적으로 "어휘문법(lexicogrammar)"이라는 것을 다룬다. 그렇다고 해서, 이것이 실제 화자의 모든 언어적 선택이 의식적으로 이루어짐을 의미하는 것은 아니다. 실제로 그렇지도 않다. 선택은 언어학적 모델로서, 하나의 상(相)으로서, 화자가 이용 가능한 자원으로서 설정된 것이다.

어휘문법은 메시지를 말이나 글로 표현하는 기능을 한다. 그러나 그것은 일면 가장 즉각적으로 드러나는 언어의 기능 중 하나로, 빙산의 일각과 같은 것이다.

그러나 의미를 표현하는 것이야 말로 어휘문법이 존재하는 단 하나의 이유이다. 메시지의 의미(meaning 혹은 semantics)는 세 가지 방식으로 기능하는데, 이를 "대기능(metafunctions)"이라 한다. 대기능은 절 층위에서 작동한다. 세 가지 대기능은 모든 절에 존재하며, 더 중요하고 덜 중요한 것 없이 모두 중요하다. 실제로 세 가지 대기능은 메시지의 구조 내에서 함께 직조되는데 이것이 곧 절이다. 다만 세 가지 대기능을 동시에 다룰 수는 없기 때문에, 설명을 위해서는 각각의 대기능을 따로 살필 수밖에 없다. 이 책에서는 가장 먼저 "관념적(ideational)" 대기능을 살핀다. 관념적 대기능(ideational meta-function)은 과정(process), 그 과정의 참여자(participants), 그리고 과정이 일어나는 배경(circumstances)을 통해 하나의 절이 세계를 표상하는 방식을 다룬다. 다음의 예를 보자.

> Peter worked in my department for a long time ... (*CAM*, 77, 2016)
> 피터는 나의 부서에서 오랫동안 일했다.

이 단일절(single caluse)의 과정은 *worked*, 참여자는 *Peter*이다. 배경은 *in my department*와 *for a long time* 두 개가 나타난다. "대인적(interpersonal)" 대기능은 화자가 설정한 관계에 대한 것이다. 관계는 두 가지 유형으로 나뉜다. 첫 번째 관계 유형은 '화자'와 '다른 사람 내지는 화자와 의사소통하고 있는 참여자' 사이의 관계이다. 다음의 예에서 화자(필자)는 독자가 했으면 하는 행동을 제안하는 방식으로, 독자와의 관계를 설정한다.

> Discover how the magic of Christmas has been recreated through the years at Fenwick Newcastle. (Advertisement, 2016)
> 펜윅 뉴캐슬 백화점이 몇 해 동안 크리스마스의 마법으로 사람들을 어떻게 즐겁게 해 주었는지 알아보세요.

두 번째 관계 유형은 화자와 화자가 전달하고 있는 메시지 사이의 관계이다. 다음 예에서 사용된 조동사 *may*는 화자가 무언가를 사실이라고 말하고 있는 것이 아니라, 그럴 가능성이 있다고 말하고 있음을 나타낸다. 앞으로 이 책에서는 필요할 경우, 설명하고 있는 바와 관련되는 부분을 예시에서 **굵은 글씨**로 표시할 것이다.

If your other half starts steering you towards Cyprus for your summer break, they **may** be thinking less about the sunshine than the state of their bank account. (*Metro*, 8 April 2016)

만약 당신의 배우자가 여름 휴가에 당신을 키프로스로 안내하려 한다면, 그는 햇살보다는 자신의 계좌 잔고를 생각하고 있는 것일 겁니다.

마지막으로 "텍스트적(textual)" 대기능은 메시지가 배열되는(structured) 방식을 다룬다. 텍스트적 대기능은 다른 두 대기능과 마찬가지로 절 층위에서 기능하기도 하지만, 몇 개의 절이 서로 연결되어 하나의 텍스트를 만드는 방식과도 관련된다. 절의 배열 방식과 관련된 주요 요인 중 하나는 화자가 절의 시작점으로 삼는 요소인 "주제부(theme)"이다. 다음 예에서는 *Daniel Brine, director at Cambridge Junction*이 주제부이다.

Daniel Brine, director at Cambridge Junction, has also objected to the plans which could scupper his own vision for the square.

(*Cambridge News*, 21 April 2016)

케임브리지의 공연예술 극장의 감독인 다니엘 브라인 또한 극장 주변가에 대한 자신의 비전을 좌절시킬 수 있는 그 계획에 반대했다.

언어는 진공 상태에서 만들어지지 않는다. 언어는 맥락(context) 속에서 만들어진다. 그럼에도 불구하고 담화(discourse) 생성에서 맥락이 가지는 중요성은 종종 과소평가된다. 하지만 언어는 그 언어가 존재하는 맥락에 크게 의존한다. 언어는 맥락 없이 성립되지 않으며, 맥락이 달라지면 언어도 달라진다. 그런 의미에서 언어는 맥락에 의해 만들어지지만, 그 다음에는 해당 맥락의 일부가 되어 맥락을 변화시킨다. 따라서 맥락과 그 맥락에서 만들어진 언어는 지속적으로 서로가 서로를 제한하는 체계를 가진다. 체계기능언어학은 이러한 맥락을 고려하거나, 그렇지 않으면 적어도 "사용역(register)"이라고 불리는 보다 상세하고, 즉각적인 맥락을 고려한다. 그리고 그것은 "장(field)", "관계(tenor)", "양식(mode)"이라는 세 가지 기능의 차원에서 이루어진다. 장은 진행 중인 활동을 의미하는 것으로 그 활동에는 언어가 포함된다. 관계는 의사소통하는 참여자 사이의 관계이다. 양식은 메시지가 전달되는 형식을 의미하는 것으로, 기본적으로 말 혹은 글을 의미한다.

　어휘문법, 의미적 대기능(semantic metafunctions), 맥락 사이의 관계는 <그림 1.1>과 같이 외부의 큰 삼각형이 내부에 작은 삼각형을 포함하는 그림으로 도식화된다. 중앙에는 어휘문법이 있고, 내부 삼각형의 세 꼭짓점에는 대기능이, 외부 삼각형의 꼭짓점에는 맥락의 기능이 있다. 이 그림은 맥락 기능과 대기능 사이의 대응 관계도 보여준다. 장에는 관념적 대기능이, 관계에는 대인적 대기능이, 양식에는 텍스트적 대기능이 대응된다.

　혹은 다른 방식으로 그려질 수도 있다. 앞서 나는 어휘문법이 빙산의 일각과 같은 것이라 비유한 바 있는데, 어휘문법이 빙산의 꼭짓점이라면, 세

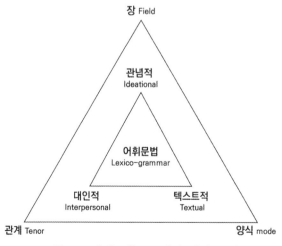

그림 1.1 체계 기능 모델의 삼각 표상

가지 의미적 대기능(관념적, 대인적, 텍스트적)은 해수면 아래에 존재하며, 맥락은 해수면의 훨씬 더 깊은 곳에 존재한다. 이를 이미지로 보이면 <그림 1.2>와 같다.

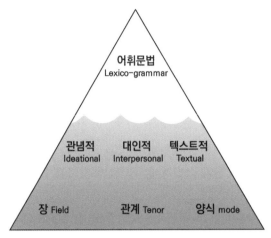

그림 1.2 체계 기능 모형의 빙산 표상

최근 체계기능언어학 논의에서는 세 가지 의미적 대기능(관념적, 대인적, 텍스트적)에 집중하는 경향이 있다. 반면 어휘문법이 문법적으로 구성되는 방식에 대해서는 거의 다루지 않는다. 그러나 이 부분은 체계기능언어학에 익숙하지 않은 사람들이 일반적으로 "문법(grammar)"이라고 생각하는 것에 가장 잘 부합하는 부분이기도 하다. 따라서 우리는 바로 다음 장에서 어휘문법이 문법적으로 구성되는 방식부터 시작할 것이다. 한 가지 유념해야 할 것은 다른 대부분의 접근법이 구조의 문제를 초점화하는 데 반해, 이 책은 기능을 다룬다는 점이다. 이어지는 장에서는 관념적 대기능, 대인적 대기능, 텍스트적 대기능, 평가(appraisal), 문법적 은유(grammatical metaphor), 맥락을 차례로 다룰 것이다.

책에 사용된 모든 예시들은 신문, 잡지, 브로슈어, 전단지, 편지 등 실제하는 자료에서 발췌한 진짜 언어이다. 어느 것도 만들어 낸 것이 아니며,

모두 출처를 표기하였다. 나아가 모든 자료는 (적어도 이 글이 작성된 시점에서) 최근에 작성된 것들로, 대부분은 2016년 또는 2017년에 작성된 것들이다. 간혹 오래된 텍스트를 사용하기도 하였는데, 가장 오래된 것이라 해 봐야 2004년 자료이다. 따라서 이 책에 사용된 예문들은 진정한 21세기 언어라고 할 수 있다.

요약

- 언어 이론은 형식적 이론, 인지적 이론, 기능적 이론 세 가지로 나뉜다.
- 체계기능언어학은 언어적으로 기능적이며, 동시에 사회적으로 기능적이다.
- 체계기능언어학은 언어를 선택의 망으로 다룬다는 점에서 체계적이다.
- 의미적 대기능에는 관념적 대기능, 대인적 대기능, 텍스트적 대기능 세 가지가 있다.
- 맥락에는 장, 관계, 양식 세 가지 기능이 있다.

02

문법 단위들이 함께하는 방식

다음을 보자.

A crash involving four vehicles caused delays on the A14 yesterday.
(*Cambridge News*, 20 April 2016)
어제 차량 4중 추돌 사고로 A14가 지연되었다.

위의 예시는 하나의 정보를 제공하며, 우리는 이것을 "절(clause)"이라고
부른다. 몇 개의 절이 결합되는 경우도 있는데, 그 경우는 "절 복합체(clause
complex)"라고 한다.

He spent nearly two years doing his coursework and he's been staying
late at the school every Wednesday to do it.
(*Cambridge News*, 20 April 2016)
그는 거의 2년 동안 수업을 들었고, 매주 수요일마다 늦게까지 학교에
남아 있었다.

대체로 언어학에서는 위와 같은 예문들을 "문장(sentences)"이라고 부르지
만, 체계기능언어학에서는 이것을 "절 복합체(clause complex)"라 부른다. 첫
번째 예로 보인 절은 기본적으로 무엇이 다른 무엇을 유발함을 이야기하고
있다. 이에 따라, *cause*라는 단어가 절의 핵심이 된다. 이러한 단어를 "서술
어(predicator)"라고 하는데, 서술어는 절이 나타내는 행동(action), 사건(event),

상태(state)를 알려 준다. 그렇다면 이제 첫 번째 '무엇'에 대해 알아보자. 이와 관련하여 다음과 같은 질문이 가능하다. 유발된 것을 유발한 것은 무엇(또는 누구)인가? 답은 *A crash involving four vehicles*이며, "주어(subject)"에 해당한다. 다음의 질문이 이어진다. 4중 추돌 사고로 인해 유발된 것은 무엇인가?(혹은, 무엇이 4중 추돌 사고로 일어났는가?) 답은 *delays*이며, 이는 "보충어(complement)"에 해당한다. 이들을 조합하면 *A crash involving four vehicles caused delays*라는 하나의 절이 완성된다. 이것은 그 자체로 완결성이 있는 하나의 절이지만, 몇 가지 질문을 더 할 수 있다. 예를 들어 어디인지를 물을 수 있고(답은 *on the A14*), 언제인지를 물을 수도 있다(답은 *yesterday*). 어째서, 어떻게 이런 질문을 할 수 있는 것일까? 그것은 절의 "배경적 부가어(circumstantial adjuncts)" 혹은 "부가어(adjuncts)"가 이에 대한 답을 제공하기 때문이다. 즉, 이 절에는 두 개의 부가어가 있다. 기호를 사용하여, 주어는 S로, 서술어를 P로, 보충어를 C, 부가어를 A로 나타내면, 해당 절을 다음과 같이 분석할 수 있다.

S	P	C	A	A
A crash involving four vehicles	caused	delays	on the A14	yesterday.

주어, 서술어, 보충어, 부가어는 "군(groups)"이라 한다. 따라서 하나의 절은 하나 이상의 군으로 이루어져 있다고 할 수 있다. 단일 명령절(*Jump!*와 같은)의 경우는 하나의 서술어 군으로만 구성된 절이라 할 수 있다.

The decapitated body of a cat has been discovered, raising fears that the Croydon Cat Killer has struck again. (*Metro*, 11 April 2016)
훼손된 고양이 사체가 발견되면서, 고양이 살해범이 크로이든에 다시 나타났다는 공포가 확산되고 있다.

위의 예에서 군 *The decapitated body of a cat*은 주어로 기능한다. 만약 "무엇이 발견되었는가?"라는 질문에 대해 한 단어로 대답해야 한다면, 그 단어는 *body*가 될 것이다. 여기서 *body*는 주어로 기능하는 군의 핵심이 되는 하나의 단어로, 이를 "핵어(headword)" 또는 "핵(head)"이라 부른다. 핵 앞에는 핵에 대한 추가 정보를 제공하는 한 개 혹은 그 이상의 단어들이 올 수 있으며, 이를 "수식어(modifiers)"라고 불린다. 위의 예에서는 *the*와 *decapitated*가 수식어에 해당한다. 이때 *decapitated*는 형용사로 역할하며 핵을 수식한다. 정관사인 *the* 또한 핵에 대해서 말해 준다(근본적으로, 핵어를 다른 것들과 구분하여 인식할 수 있도록 해 준다). 정관사는 "전치 수식어(determiners)"라고 불리는 수식어의 특수한 범주에 속한다. 언어학자들은 대체로 정관사를 다른 수식어와 분리하여 다루지만, 이 책에서는 논의를 간명하게 하기 위해 정관사를 수식어에 포함시켜 다룬다. 핵 뒤에도 핵에 대해 말해 주는 요소가 올 수 있는데, 이것은 "후치 수식어(qualifiers)"라고 부른다. 전치 수식어와 후치 수식어는 모두 핵에 대한 정보를 제공하는 동일한 기능을 가지고 있으며, 둘의 차이는 단지 위치뿐이다. 그러나 이 두 요소를 별도로 구별하여 명명하는 것이 유용한 지점이 있다. 위 예에서, *of a cat*은 핵의 뒤에서 핵에 대해 알려주며, 후치 수식어로 기능한다. 절이 군으로 구성되는 것처럼, 군은 (하나 또는 그 이상의) 단어로 구성된다. 그러나 *of a cat*(고양이의)은 단어가 아니라 마치 군(群)처럼 보인다는 반론이 가능하다. 그리고 실제로 군이 맞다. 이와 관련해서는 잠시 후에 다시 간략하게 살피기로 한다.

사실 영어에서 한 단어 후치 수식어(single word qualifiers)는 상대적으로 드물다. 영어는 형용사적 기능을 가진 단일 단어를 핵 앞에 배치하는 경향이 있기 때문이다. 그러나 다음과 같은 반례도 있다.

The College today consists of a master; over 160 fellows, most of whom are engaged in teaching; about 320 postgraduate students; and about 650 undergraduates. (Trinity College Cambridge brochure, 2016)
현재 우리 대학은 한 명의 학장; 160명 이상의 동료 교수들이 있는데 이들 중 대부분은 교육에 참여하고 있으며; 320여 명의 대학원생들과; 650여 명의 학부생들로 구성되어 있다.

한 단어인 *today*는 주어군인 *The College today*의 뒤에서 후치 수식어로
기능한다. 대안적으로 *today*를 부가어로 취급하는 것도 가능하다. 이 경우
*today*가 서술어 *consists*의 시간적 배경(temporal circumstances)을 표현하는 것
으로 볼 수 있다. 하지만 이 절이 예전 대학과 현재의 대학을 대조하고 있는
것처럼 보인다는 점에서, *today*는 대학에 대해 묘사하고 있다고 보는 것이
더 타당할 것이며, 결론적으로 today는 후치 수식어가 맞다.

두 예의 주어군을 분석하면 아래와 같다. 이때 m, h, q는 각각 수식어,
핵, 후치 수식어를 의미한다.

S				
m	m		h	q
The	decapitated	body	of a	cat

S		
m	h	q
The	College	today

mhq 구조는 명사군에서 전형적으로 나타나지만 형용사군과 부사군에서
도 발견된다. 형용사군과 부사군이 세 개의 요소를 모두 갖는 경우는 드물
지만, 다음과 같이 세 개의 요소를 모두 갖는 경우도 있다.

There are around 1250 medieval manuscripts in the collection, all of
which will, in time, be **freely available online.**

(Wren Digital Library brochure, 2016)

이 컬렉션에는 약 1250점의 중세 시대 필사본이 있으며, 이 모든 사본은,
머지않아, 온라인에서 무료로 이용할 수 있습니다.

서술어 *will...be*의 보충어는 형용사군 *freely available online*이다. 핵
*available*은, *freely*로 수식되며, *online*으로 후치 수식된다.

이 유형의 군에는 핵이 항상 존재한다. 하지만 수식어는 하나 혹은 그 이상이 있을 수 있고, 없을 수도 있다. 후치 수식어도 하나 혹은 그 이상이 있을 수 있고, 없을 수도 있다.

이제 다음 예를 살펴보자.

> For more than a week these vast nocturnal protest gatherings - from parents with babies to students, workers, artists and pensioners - **have spread** across France, rising in numbers, and are beginning to unnerve the government.　　　　　(*Guardian Weekly*, 15-21 April 2016)
>
> 일주일이 넘는 기간 동안, 아기를 가진 부모부터 학생, 노동자, 예술가, 연금 수급자까지 참여하는 대규모의 야간 시위 집회가 프랑스 전국구로 확산되었고, 그 증가세로 인해, 정부는 불안감을 느끼기 시작했다.

이 절 복합체의 첫 번째 서술어는 *have spread*이며, 두 개의 단어로 구성된 군이다. 먼저 *spread*는 절이 묘사하고 있는 행동, 사건, 상태의 특성을 알려주며, 이를 "동사(verb)"라고 부른다. 동사 앞에는 동사의 시제(tense), 상(aspect), 양태(modality)를 나타내는 하나 또는 그 이상의 단어가 올 수 있다. 위 예에서는 상에 대해 말해주는 *have*가 사용되었는데, (주지하다시피) 이를 "조동사(auxiliary)"라고 부른다.

> British boxing is buzzing like never before at heavyweight level after Anthony Joshua **bashed up** Charles Martin.　　(*Metro*, 11 April 2016)
>
> 헤비급 경기에서 앤서니 조슈아가 찰스 마틴을 쓰러뜨린 이후 영국 복싱은 전례 없는 활기를 띠고 있다.

위의 예에서, 서술어 *bashed up* 역시 두 개의 단어를 가지고 있지만, 이 경우 동사 뒤에 또 다른 단어가 온다. 이 두 번째 단어는 첫 번째 단어와 함께 군을 형성하는데, 이를 "연장(extension)"이라고 부른다. 여기서 *up*은 *bashed up*이라는 하나의 군의 일부분이다. 그렇지 않다면 *up Charles Martin*을 하나의 군으로 간주해야 하는데, 그것은 말이 되지 않는다. *up Charles Martin*이라고 답할 수 있는 배경에 대한 질문(언제?, 어디서?, 왜?, 어떻게?)은 존재하지 않는다! 이런 식의 연장은 (많은 외국인 학습자가 어렵게 습득하는) 영어의 특성이다. 연장은 한 개인 경우가 대부분이지만, 간혹 두 개로 나타나기도 한다(예를 들어, "견디다(tolerate)"의 의미로 쓰이는 *put up with*). 연장으로 나타나는 단어들은 종종 전치사나 부사처럼 기능한다. 정리하면, 동사 앞에는 하나 이상의 조동사가 올 수 있고, 동사 뒤에도 하나 이상의 연장이 올 수 있다. 이 책에서는 조동사, 동사, 연장을 각각 a, v, e로 표시한다. ave는 동사군의 전형적인 구조이다. 앞서 살핀 두 가지 예를 분석하면 다음과 같다.

P	
a	v
have	spread

P	
v	e
bashed	up

체계기능언어학에서는 "전치사구(prepositional phrase)"를 군으로 다룬다. 전통적으로는 군(group)이 아니라 구(phrase)라고 불리는 것이지만, 체계기능언어학적 관점에서 전치사구는 군과 동일한 방식으로 기능한다.

We sailed **from Gothenburg**, then down to Germany, then up to the island of Gotland in the Baltic Sea and back to Stockholm.

우리는 예테보리에서, 독일로 내려와, 발트해의 고틀란드 섬으로 올라갔
다가 스톡홀름으로 돌아왔다.

위의 예에는 여러 개의 전치사구가 나타나는데, 이들은 절에서 부가어로
기능한다. 첫째로 *from Gothenburg*를 살펴보자. 전치사구를 구성하는 두 단
어들 중 첫 번째 단어를 "전치사(preposition)"라고 부르고, 전치사구를 완성
하는 두 번째 단어를 "전치사적 보충어(completive)"라고 부른다.[1] 전치사는
p로, 전치사적 보충어 c로 나타내기로 한다. 간혹 '*right into town*'과 같이
전치사 앞에 강조어(intensifier)가 오는 경우도 있다. 강의어에 대해서는 기호
i를 사용한다. 결과적으로 위의 예는 다음과 같이 분석될 수 있다.

A

p   c

from   Gothenburg

군에 대한 기호는 대문자로, 단어에 대한 기호는 소문자로 표시한다. 따
라서 P는 서술어를 나타내는 기호이지만 p는 전치사를 나타내는 기호이다.
C는 보충어 기호이지만, c는 전치사적 보충어의 기호이다.

지금까지, m, h, q, a, v, e, i, p, c의 9가지 유형의 단어를 보았으며, 이들
은 세 개씩 세 가지의 군으로 나뉜다.

---

1) [역주] 전치사구에 대한 Halliday & Matthissen(2014: 424-425)의 설명에 따르면 전치사
는 경험적 측면에서 '소형 과정(minor process)'으로 기능하며, 대인적 측면에서 뒤에 오는
명사군을 서술어의 보충어로 가지는 '소형 서술어(minor predicator)'로 기능한다. 예를 들
어 '*the boy stood on the burning deck*(소년은 불타는 갑판에 서 있었다)'이라는 절에서
부가어에 해당하는 '*on the burning deck*'은 다시 전치사 '*on*'과 보충어 '*the burning deck*'
으로 각각 분석된다. 이러한 의미를 살려서 본서에서는 전치사 구를 구성하는 두 단어들
중 두 번째 단어를 '전치사적 보충어'라고 번역하였다. 이에 따라 대문자 P는 서술어를,
소문자 p는 전치사를 나타내는 기호가 된다. 또한 대문자 C는 보충어를, 소문자 c는 전치
사적 보충어를 나타내는 기호가 된다.

mhq

ave

ipc

이들 군은 각각 독립적이다. 따라서 위의 유형 중 어느 한 유형에 속한 단어는 다른 유형의 군에 속한 단어와 (적어도 동일한 층위에서) 결합될 수 없다. 따라서 mhp나 iph 유형은 불가능하다.

앞서 살펴본 예 중 *The decapitated body of a cat*…의 경우 한 가지 문제가 남아 있었다. 잠정적으로 *of a cat*이 후치 수식어로 기능하는 것으로 보았지만, 후치 수식어는 단어인데, *of a cat*은 군의 구조를 가진다는 점이다. 이것은 해당 군을 소괄호로 묶어 해결할 수 있다. 이렇게 되면 소괄호로 묶인 내용은 그 안에 들어있는 내용과 별개로 하나의 후치 수식어로 볼 수 있다.

S			
m	m	h	q
The	decapitated	body	(of a cat)

이제, 소괄호 안의 내용을 분석해 볼 수 있다. 전치사구이므로 pc로 분석할 수 있다.

S				
m	m	h	q	
			p	c
The	decapitated	body	(of	a cat)

이렇게 분석하면, pc가 mhq와 다른 층위에서 발생하기 때문에 서로 다른 유형의 군은 독립적이라는 원칙을 유지할 수 있다. 그러나 c로 분석된 *a cat*이 두 단어로 구성되어 있다는 점이 여전히 문제가 된다. 이 경우 앞서

사용한 방법을 다시 적용하여 군의 구조를 이루는 전체를 다시 하나의 단어로 분석할 수 있다. *a cat*을 소괄호로 묶어 하나의 단위(unit)로 취급한 다음 소괄호 내용을 분석하는 것이다.

```
S
m   m           h   q
                    p   c
                        m   h
The  decapitated  body  (of  (a  cat))
```

여러 단어가 묶인 군이 하나의 단어로 기능하는 것처럼, 어떤 층위의 단위가 그것과 다른 층위에서 기능하는 현상을 "위계 이동(rankshift)"이라고 한다. 위계 이동이란 곧 특정 층위(level) 또는 위계(rank)의 단위가 다른 층위에서 기능하도록 이동되었음을 의미한다.

다음 예를 살펴보자.

WallQuest, which started in 2012, was a community archaeology project, which set out to discover more about the 30 miles of Hadrian's Wall running East from South Shields. (*The Journal Culture*, April 2016)
2012년에 시작된 월퀘스트는 지역 공동체의 고고학 프로젝트로, 사우스 쉴즈에서 동쪽부터 이어지는 약 30마일의 하드리아누스 성벽의 발굴을 위해 착수되었다.

위 절 복합체의 주어는 *WallQuest, which started in 2012*이다. *WallQuest*가 핵이며 *which started in 2012*는 핵에 대한 추가 정보를 제공한다. 따라서 *which started in 2012*는 후치 수식어로서 기능하는 것으로 보인다. 그러나 단어의 구조를 가지지도 않고, 심지어 군의 구조를 가지고 있지도 않다. 이것은 (한정 동사(finite verb)를 포함하는) 절의 구조이다. 이 경우, *which started in 2012*를 대괄호로 묶고 해당 단위를 후치 수식어로 간주할 수 있다.

S			
h	q		
WallQuest,	[which started in 2012]		

이제 대괄호의 내용을 분석해야 한다. 앞서 언급한바 이것은 절의 구조를 지니며, 군으로 구성되어 있다. 그러므로 이것은 군으로 분석되어야 한다. *which*는 주어로, *started*는 서술어, *in 2012*는 부가어로 기능한다.

S			
h	q		
	S	P	A
WallQuest,	[which |	started |	in 2012]

각각의 군들은 이제 단어처럼 분석될 수 있다. 한 단어 주어는 핵이고 한 단어 서술어는 동사이다. 반면, 부가어에는 전치사가 있고, 전치사적 보충어가 뒤따른다.

S			
h	q		
	S	P	A
	h	v	p c
WallQuest,	[which |	started |	in 2012]

이것은 또 다른 형식의 위계 이동이다.

때때로 단위는 불연속적일 수 있으며, 다른 유형의 단위가 삽입될 수 있다. 다음 예를 보자.

Visitors **are always struck** by the light and vastness as they enter this wonderful space.　　　　　　　　　　　　(Ely Cathedral brochure, 2016)

방문객들은 이 멋진 공간에 들어설 때면 항상 그 빛과 광활함에 감명을 받는다.

서술어 *are struck*이라는 조동사와 동사 사이에 부가어 *always*가 삽입되어 있다. 삽입된 항목을 분석할 때는 홑화살괄호를 사용한다.

P	A	
a	h	v
are	\<always\>	struck

지금까지는 절을 특별한 구분 없이 다루었다. 하지만 절에는 기본적으로 두 가지 유형이 있다. 첫 번째 유형은 "주(main)" 또는 "대등 주(coordinate main)"절로, 그리스 문자 α를 사용하여 "α-절"이라 한다. 두 번째 유형은 "종속(subordinate)" 절로, 위계가 이동되지 않는다. 그리스 문자 β를 사용하여 "β-절"이라 부른다. 다음 예를 살펴보자.

When Aeneas meets Anchises in the land of the dead, earthly duress has been replaced by the administrative duties of the afterlife.

(*Guardian Weekly*, 8-14 April 2016)

아이네이아스가 저승에서 안키세스를 만났을 때, 이승에서의 강박은 사후 세계의 행정 업무로 옮겨졌다.

위 절 복합체는 두 개의 절을 가지고 있다. α-절은 *earthly duress has been replaced by the administrative duties of the afterlife*이고, β-절은 *When Aeneas meets Anchises in the land of the dead*이다.

각 절은 다음과 같이 분석될 수 있다.

β									
A	S	P	C	A					
h	h	v	h	p	c				
					m	h	q		
							p	c	
								m	h
When	Aeneas	meets	Anchises	in	(the	land	(of	(the	dead)))

α											
S		P			A						
m	h	a	a	v	p	c					
						m	m	h	q		
									p	c	
										m	h
earthly	duress	has	been	replaced	by	(the	administrative	duties	(of	(the	afterlife))).

β-절은 시간 접속사 When으로 시작한다. 시간적 관계에 대해 말해주는 부가어로서 기능하며, 단어의 위계(rank)에서는 핵에 해당된다. 주어는 *Aeneas*를 핵으로 갖는다. 서술어는 동사 *meets*이다. 보충어는 *Anchises*이고 핵에 해당되며 부가어를 가진다. 부가어는 전치사 *in* 뒤에 위계 이동된 전치사적 보충어가 뒤따른다. 위계 이동된 전치사적 보충어는 다시 수식어인 정관사 *the*, 핵 *land*, 그리고 위계 이동된 후치 수식어로 구성된다. 후치 수식어는 순서대로 전치사 *of* 다음에 위계 이동된 전치사적 보충어가 뒤따르고, 이 전치사적 보충어는 다시 정관사와 핵인 *dead*로 구성된다. 이어지는 α-절에는 수식어 *earthly*와 핵 *duress*를 가지는 주어가 있다. 동사인 *replaced*와 *has*와 *been* 두 개의 조동사를 가진 서술어가 뒤따른다. 마지막으로 부가어는 전치사 *by* 뒤에 위계 이동된 전치사적 보충어가 온다. 전치사적 보충어는 정관사, 수식어인 *administrative*, 핵인 *duties*를 가지며, 위계 이동된 후치 수식어가 뒤따른다. 후치 수식어는 전치사 *of*에 이어 위계 이

동된 전치사적 보충어로 구성되며, 그 자체는 수식어인 정관사와 핵인 *afterlife*로 구성된다. 이상의 분석은 설명만 보면 꽤 복잡해 보이나, 도표로 보면 상대적으로 간단한 규칙들이 꽤 쉽게 적용되어 있음을 알 수 있다.

더 확장된 사례 분석

다음은 2016년 하드리아누스 장벽(Hadrian's Wall)의 관광 안내 책자 중 체스터스 로만 요새 박물관(Chesters Roman Fort and Museum)에 대한 부분을 발췌한 것이다.

A new visitor experience has revitalised Britain's most complete cavalry fort. Inside the Victorian museum visitors will gain a deeper insight into the story of John Clayton, the saviour of Hadrian's Wall. New site interpretation will help visitors understand the ancient Roman ruins and Britain's best preserved military bath house.

영국에서 가장 완벽한 기병 요새는 새로운 방문객의 경험으로 활기를 띠게 되었다. 빅토리아 박물관에서 방문객들은 하드리아누스 성벽의 수호자인 존 클레이튼의 이야기를 더 깊이 이해할 수 있을 것이다. 새로운 장소 해석은 방문객들이 고대 로마 유적, 그리고 영국에서 가장 잘 보존된 군용 목욕 시설을 살펴보는 데 도움을 줄 것이다.

다음은 위의 예에 대한 분석 및 설명이다.

S				P		C					
m	m	m	h	a	v	m	m	m	m	m	h
A	new	visitor	experience	has	revitalised	Britain's	most	complete	cavalry	fort.	

위의 예는 α-절이지만, 단일절인 경우에는 도표에 따로 이를 표시하지 않고, α-절로 간주한다.

A				S	P		C		
p	c			h	a	v	m	m	h
	m	m	h						
Inside	(the	Victorian	museum)	visitors	will	gain	a	deeper	insight

[C continued]

(into	(the	story	(of	John	Clayton,	the	saviour	(of	Hadrian's	Wall)))))
q										
p	c									
	m	h	q							
			p	c						
				h		m	h	q		
								p	c	

고유 명사는 단일 개체를 나타내므로 단일 단어로 처리된다. 이 절의 *John Clayton*과 *Hadrian's Wall*이 여기에 해당한다. *John*을 *Clayton*의 수식어로 보는 것은 적절하지 않다. *John Clayton, the saviour of Hadrian's Wall* 부분에서 *the saviour of Hadrian's Wall*은 *John Clayton*과 동격이다. 같은 사람을 지칭하나, 표현을 달리하여 반복한 것일 뿐이다. 여기에는 *John Clayton*과 *saviour*라는 두 개의 핵이 있는데, 각각은 동일인을 지시하기 위해 사용되었다.

S			P		C	A				
m	m	h	a	v	h	P	C			
						v	m	m	m	h
New	site	interpretation	will	help	visitors	understand	the	ancient	Roman	ruins

[A continued]
[C continued]

and	Britain's	best	preserved	military	bath	house.
	m	m	m	m	m	h

위 절의 부가어는 (to가 없는) 부정사를 서술어로 하는 위계 이동된 비-한정(non-finite) 절이다. 위계 이동된 절의 보충어는 별도의 표시 없이, 접속사 and에 의해 연결된 두 개의 요소를 가지며, 따라서 두 개의 핵이 있다.

요약

- 절은 주어, 서술어, 보충어, (배경적) 부가어라는 네 가지 유형의 군을 갖는다.
- 군은 단어로 구성된다.
- 명사군은 하나의 핵을 가지며, 핵은 앞에는 수식어를, 뒤에는 후치 수식어를 취할 수 있다.
- 형용사군과 부사군도 명사군과 동일한 구조를 가질 수 있다.
- 동사군은 하나의 동사를 가진다. 동사 앞에는 조동사가 올 수 있고, 동사 뒤에는 연장 요소가 올 수 있다.
- 전치사 구는 전치사와 전치사적 보충어로 이루어져 있다.
- 위계 이동은 특정 위계 단위가 다른 위계로 기능할 때 나타난다.

활동 및 연습

1. 다음 오페라 빌리 버드(*Billy Budd*, 2011)의 DVD 소책자의 발췌문에서 (굵은 글씨로) 강조된 명사군을 분석해 보자.

   a. The biggest change, however in **the original four-act version** was the creation of a finale to Act 1, in which Captain Vere heroically addresses the crew as HMS Indomitable sails into enemy waters. 그러나 원래의 4막 버전과 가장 크게 달라진 것은 베레르 선장이 불굴의 함정(艦艇)을 적국의 바다로 이끌면서, 그의 선원들에게 영웅적인 연설을 하는 1막의 피날레를 만든 것이다.

b. Christopher Oram's set makes all the detail of naval hierarchy crystalclear, but otherwise **its ribbed, claustrophobic space** is a semi-realistic abstraction of 18th-century shipbuilding, from which the sea is completely excluded, a far cry from its constant presence in *Peter Grimes*.

크리스토퍼 오람이 만든 극장 세트는 해군 제도의 세부 사항을 사실적으로 보여준다. 반면에 바다의 모습이 완전히 배제된 움푹 패인 밀실 같은 공간은 18세기 조선술을 반사실적으로 추상화한 것으로, 기존의 피터 그라임스에서는 경험할 수 없었던 것이다.

c. In **his 2010 Glyndebourne programme book article**, Paul Kildea discusses what might euphemistically be called the creative tension between Glyndebourne's founder John Christie and Britten.

2010년 글린드버른의 프로그램 책에 실린 기사에서 폴 킬데아는 글린드버른의 창시자인 존 크리스티와 브리튼 사이에 있었던, 창조적 긴장감이라고 완곡하게 불리는 것에 대해 이야기하였다.

d. Billy is brought before **the drumhead court martial**.

빌리는 임시 군법 회의에 회부되었다.

2. 다음 *CAM*(82호, 2017) 발췌문에서 강조 표시된 동사군을 분석해 보자.

a. I**'ve been helping** freshers move in.

나는 신입생들의 입주를 돕는 일을 해 왔다.

b. Rumours **had been flying** round for months.

몇 달 동안 소문은 빠르게 퍼져 나가고 있었다.

c. Pomerantsey **was brought up** in the West but worked as a television producer in Russia in the 2000s.

포메란테이는 서양에서 자랐지만 2000년대에 러시아에서 텔레비전 제작자로 일했다.

d. Students **may** also **be asked** to send in written work, such as school essays.

학생들은 학교 에세이 같은 유형의 작문 과제를 보내라는 요청을 받을 수 있다.

3. 다음 기상 관측기 사용자 가이드(Forecast Station User's Guide, 2017)의 발췌문에서 강조 표시된 전치사구를 분석해 보자.

a. The station automatically resets minimum and maximum values daily **at midnight.**
관측기는 매일 자정에 최솟값과 최댓값을 자동으로 재설정한다.

b. The specifications of this product may change **without prior notice.**
본 제품의 설명서는 사전 통보 없이 변경될 수 있다.

c. Charge a smart phone, camera or other device when the projection alarm is plugged **into a power outlet** with the included 5V AC adaptor.
함께 동봉된 5V AC 어댑터를 사용하여 프로젝션 알람을 전원 콘센트에 연결하면 스마트폰, 카메라, 기타 장치를 충전할 수 있다.

d. Press the SNOOZE/LIGHT button to exit, or wait 20 seconds without pressing buttons to return **to the normal time display.**
알람을 종료하려면 다시 알림/조명 버튼을 눌러라, 버튼을 누르지 않고 20초 동안 기다리면 일반 시간 표시 상태로 돌아간다.

4. 다음 가디언 위클리(*Guardian Weekly*, 2017년 1월 15일-21일) 발췌문에서 명사군을 찾아 분석해 보자.

The first visit to Greece by a Turkish president in 65 years began in hostile fashion last Thursday as Recep Tayyip Erdoğan flouted the niceties of diplomacy and crossed an array of red lines.

65년 만의 터키 대통령의 첫 그리스 방문은 지난 목요일 레제프 타이이프 에르도안 대통령이 외교부의 지침을 무시하고 일련의 레드 라인을 넘어 버리는 적대적인 방식으로 시작되었다.

5. 다음 메트로(*Metro*, 2017년 4월 11일) 발췌문에서 한정 동사군을 찾아 분석해 보자.

Three men have been rescued from a deserted Pacific island after spelling 'Help' in palm leaves on the beach. They were spotted by a US Navy plane after being reported missing for three days. Their boat capsized near the Micronesian island of Fanadik, hundreds of miles north of Papua New Guinea. 'Fortunately for them, they were all wearing life jackets and were able to swim to the island', said Melissa McKenzie from the US Coastguard. Two hours after being found the men were picked up by a local boat and taken to hospital.

태평양의 무인도에서 세 명의 남성이 해변 야자수 잎에 '도와주세요'라는 글을 써 구조되었다. 그들은 실종 보고가 있은 지 3일 만에 미 해군 항공기에 의해 발견되었다. 그들의 배는 파푸아뉴기니에서 북쪽에서 수백 마일 떨어진 파나딕 미크로네시아의 섬 근처에서 전복되었다. 미국 해안 경비대의 멜리사 맥켄지는 '다행히 그들 모두 구명조끼를 입고 있어 그 섬까지 수영할 수 있었다.'라고 말했다. 발견 2시간 후, 그 남자들은 현지 배를 이용해 병원으로 옮겨졌다.

6. 다음 가디언 위클리(*Guardian Weekly*, 2018년 1월 19일-25일)의 발췌문에서 전치사구를 찾아 분석해 보자.

The Italian-backed project, which began in the late 1980s, was designed to revolutionise tourism in the remote Cook Islands by providing the tiny nation with its first five-star resort. But the house of cards collapsed at the 11th hour, with the project 80% complete, amid allegations of mafia involvement and money laundering. The Cook Islands government was left with a debt of $120m and was almost bankrupted. In the years since, repeated attempts to finish the project have foundered, but now a new effort to salvage the buildings is under way, and could have an even bigger impact on the tiny Pacific state than the original plans were expected to.

1980년대 후반에 시작된 이탈리아 지원 프로젝트는 외딴 쿡 제도의 관광업 혁명을 위해 설계된 것으로, 이 작은 제도에 최초의 5성급 리조트를 세우고자 하였다. 그러나 모래 위의 성은 프로젝트의 80%가 완성된 막판에 마피아의 개입과, 자금 세탁에 연루되어 붕괴되고 말았다. 쿡 제도 정부는 1억 2천만 달러의 부채를 떠안게 되었고, 거의 파산 직전이 되었다. 이후 몇 년 동안, 이 프로젝트를 완수하려는 몇 차례의 시도가 있었고, 현재는 그 건물들을 되살리기 위한 새로운 노력을 하고 있으며, 이 작은 태평양 제도에 원래 계획했던 것보다 더 큰 영향을 미칠 수 있을 것으로 보인다.

7. 다음은 타인&웨어 아카이브 박물관(Tyne & Wear Archives and Museums) 소책자의 "꼭 봐야 할 전시회(Must-see Exhibitions, 2015년 10월 - 2016년 4월)"에서 발췌한 것이다. 각각의 문법적 기능을 분석해 보자.

   a. The range includes jewellery, glassware and ceramics.
      보석류, 유리 제품, 도자기류가 이 범위에 포함된다.
   b. The show draws on objects from around the world in the museum's collections.
      이 쇼는 전 세계 박물관의 소장품을 다룬다.
   c. Refugees and people seeking asylum have been the object of much press attention.
      난민들과 망명을 원하는 사람들은 언론의 지대한 관심의 대상이 되어 왔다.

8. 다음은 가디언 위클리(*Guardian Weekly*, 2018년 1월 19일-25일)에서 발췌한 것이다. 각각의 문법적 기능을 분석하라.

   a. Nobody cares, because her performance is sensational.
      아무도 신경 안 써요, 왜냐하면 그녀의 연기는 정말 놀라우니까요.
   b. If there is a weakness in this book, it stems from its Gibbonian roots.
      이 책에 약점이 있다면, 그것은 기번주의 역사관을 기반으로 한 것이다.

c. Renzi was forced to resign in late 2016 after he badly lost an illadvised constitutional referendum.

렌지는 2016년 말 문제가 되었던 입헌 투표에서 참패한 후 사임되었다.

d. In the cradle of the Arab spring, it has been reckoning time again, when the hopes for the Tunisian revolution of seven years ago are measured against its gains.

아랍의 봄을 촉발하였던, 7년 전 튀니지 혁명의 희망은 그 혁명의 성과에 견주어, 재평가되고 있다.

9. 앤 클리브스(Ann Cleves)의 나방 사냥꾼(*The Moth Catcher*, 2015) 뒷표지에 있는 안내문에서 발췌한 다음의 글을 분석해 보자.

DI Vera Stanhope arrives on the scene with her detectives, Holly and Joe. When they look around the big house, Vera finds the body of a second man. All the two victims have in common is a fascination with moths - and with catching these beautiful, intriguing creatures.

베라 스탠호프 경위는 그녀가 고용한 탐정인 홀리 그리고 조와 함께 현장에 도착한다. 그들과 거대한 집을 둘러보던 중, 베라는 두 번째 남성의 시체를 발견한다. 두 희생자의 공통점은 그들이 나방에 매료되어 아름답고 흥미로운 개체들을 채집했다는 것이다.

10. 어린이 동화책을 하나 선택하여, 맨 처음에 나오는 5개의 절 혹은 절 복합체의 문법적 기능을 분석해 보자.

11. 정부의 공식 전단지를 하나 찾아, 맨 처음에 나오는 5개의 절 또는 절 복합체를 분석해 보자.

12. 인기 있는 일간지에서 아무 기사나 보도를 선택하여, 맨 처음에 나오는 5개의 절 또는 절 복합체를 분석해 보자.

활동 및 연습 풀이

1. a.   m   m   m   h
           the original four-act version

    b.   m m   m   h
           its ribbed, claustrophobic space

    c.   m m   m   m   m   h
           his 2010 Glyndebourne programme book article

    d.   m m   h   q
           the drumhead court martial

2. a.   a   a   v
           've been helping

    b.   a   a   v
           had been flying

    c.   a   v   e
           was brought up

    d.   a   a   v
           may ... be asked

3. a.   p c
           at midnight

    b.   p   c
                    m   h
           without (prior notice)

    c.   p   c
                    m m   h
           into (a power outlet)

```
    d.  p  c
            m    m       m    h
        to (the  normal  time  display)
```

4. **The first visit to Greece by a Turkish president in 65 years** began in **hostile fashion last Thursday** as **Recep Tayyip Erdoğan** flouted **the niceties of diplomacy** and crossed **an array of red lines.**

65년 만에 이루어진 터키 대통령의 첫 그리스 방문은 지난 목요일 레제프 타이이프 에르도안 대통령이 외교부의 지침을 무시하고 일련의 레드라인을 넘어 버리는 적대적인 방식으로 시작되었다.

```
m   m   h   q               q                       q
            p   c       p   c                   p   c
                        m   m       h               m   h
The  first  visit  (to Greece)  (by (a  Turkish  president))  (in  (65 years))

m       h
hostile  fashion

m   h
last  Thursday

            h
Recep  Tayyip  Erdoğan

m   h       q
            p   c
the  niceties  (of  diplomacy)

m  h    q
        p   c
                m   h
an  array  (of  (red  lines))
```

5. Three men **have been rescued** from a deserted Pacific island after spell-
ing 'Help' in palm leaves on the beach. They **were spotted** by a US
Navy plane after being reported missing for three days. Their boat **cap-
sized** near the Micronesian island of Fanadik, hundreds of miles north
of Papua New Guinea. 'Fortunately for them, they **were** all **wearing** life
jackets and **were** able to swim to the island', said Melissa McKenzie
from the US Coastguard. Two hours after being found the men **were
picked up** by a local boat and **taken** to hospital.

태평양의 무인도에서 세 명의 남성이 해변 야자수 잎에 '도와주세요'라
는 글을 써 구조되었다. 그들은 실종 보고가 있은 지 3일 만에 미 해군
항공기에 의해 발견되었다. 그들의 배는 파푸아뉴기니에서 북쪽에서 수
백 마일 떨어진 파나딕 미크로네시아의 섬 근처에서 전복되었다. 미국
해안 경비대의 멜리사 맥켄지는 '다행히 그들 모두 구명조끼를 입고 있
어 그 섬까지 수영할 수 있었다.'라고 말했다. 발견 2시간 후, 그 남자들
은 현지 배를 이용해 병원으로 옮겨졌다.

```
a      a      v
have   been   rescued

a      v
were   spotted

v
capsized

a      v
were ... wearing

v
were

a      v      e
were   picked up
```

v
... taken

6. The Italian-backed project, which began **in the late 1980s**, was designed
   to revolutionise tourism **in the remote Cook Islands by providing the tiny
   nation with its first five-star resort**. But the house **of cards** collapsed **at
   the 11th hour, with the project 80% complete,** amid allegations **of mafia
   involvement and money laundering.** The Cook Islands government was
   left **with a debt of $120m** and was almost bankrupted. **In the years since**,
   repeated attempts to finish the project have foundered, but now a new
   effort to salvage the buildings is under way, and could have an even
   bigger impact **on the tiny Pacific state** than the original plans were ex-
   pected to.

   1980년대 후반에 시작된 이탈리아 지원 프로젝트는 외딴 쿡 제도의 관광
   업 혁명을 위해 설계된 것으로, 이 작은 제도에 최초의 5성급 리조트를
   세우고자 하였다. 그러나 모래 위의 성은 프로젝트의 80%가 완성된 막
   판에 마피아의 개입과, 자금 세탁에 연루되어 붕괴되고 말았다. 쿡 제도
   정부는 1억 2천만 달러의 부채를 떠안게 되었고, 거의 파산 직전이 되었
   다. 이후 몇 년 동안, 이 프로젝트를 완수하려는 몇 차례의 시도가 있었
   고, 현재는 그 건물들을 되살리기 위한 새로운 노력을 하고 있으며, 이
   작은 태평양 제도에 원래 계획했던 것보다 더 큰 영향을 미칠 수 있을
   것으로 보인다.

   ```
   p    c
        m    m    h
   in   (the  late  1980s)
   ```

   ```
   p    c
        m    m      h
   in   (the  remote  Cook Islands)
   ```

```
p   c
    P           C                   A
    v           m   m   h           p   c
                                    m   m   m       h
by  [providing |  the  tiny  nation |  with  (its  first  five-star   resort)]

p   c
of  cards

p   c
    m   m   h
at  (the  11th  hour)

p   c
    m   h       q
                m   h
with  (the  project  (80%  complete))

p   c
    m       h               m       h
of  (mafia  involvement   and  money  laundering)

p   c
    m   h   q
            p   c
with  (a  debt  (of  $120m))

p   c
    m   h   q
In  (the  years  since)

p   c
    m   m   m   h
on  (the  tiny  Pacific  state)
```

7. a.

S		P	C			
m	h	v	h	h		h
The	range	includes	jewellery,	glassware	and	ceramics.

b.

S		P	A			A			
m	h	v	e h	q		p c			
				p	c		m m		h
				p		c			
					m	h			

The show draws on objects (from (around (the world))) in (the museum's collections).

c.

S				P	C			
h		h	q		a	v m h	q	
			P	C			p c	
			V	h			m	m h

Refugees and people [seeking asylum] have been the object (of (much press attention)).

8. a.

α			β				
S	P	A	S			P	C
h	v	h	m	h		v	h

Nobody cares, because her performance is sensational.

b.

β							α				
A S		P C		A			S P		C		
h h		v m h		p c			h v	e	m m		h
					m	h					

If there is a weakness in (this book), it stems from its Gibbonian roots.

c.

α						β			
S	P	A				A	S	A	P
h	a	v	P	A		h	h	h	v
			v	p c					
				m	h				

Renzi was forced [to resign in (late 2016)] after he badly lost

(β continued)			
C			
m	m	m	h
an	ill-advised	constitutional	referendum.

d. α

A				S	P		C		A	
p	c			h	a	v	m		h	h
	m	h	q							
			p	c						
				m	m	h				

In (the cradle (of (the Arab spring))), it has been reckoning time again,

β

A	S							P	
h	m	h	q					a	v
			p	c					
			m	m	h	q			
					p	c			
					m	h	q		

when the hopes (for (the Tunisian revolution (of (seven years ago)))) are measured

(β continued)	
A	
p	c
	m	h
against	(its gains).

9. DI Vera Stanhope arrives on the scene with her detectives, Holly and Joe. When they look around the big house, Vera finds the body of a second man. All the two victims have in common is a fascination with moths - and with catching these beautiful, intriguing creatures.

베라 스탠호프 경위는 그녀가 고용한 탐정인 홀리 그리고 조와 함께 현장에 도착한다. 그들과 거대한 집을 둘러보던 중, 베라는 두 번째 남성의 시체를 발견한다. 두 희생자의 공통점은 그들이 나방에 대한 매료되어 아름답고 흥미로운 개체들을 채집했다는 것이다.

S		P	A		A			
m	h	v	p	c	p	c		
			m	h	m	h	h	h
DI	Vera	Stanhope	arrives	on (the scene)	with	(her detectives, Holly and Joe).		

β					α			
A	S	P	A		S	P	C	
h	h	v	p	c	h	v	m h	q
			m	m h				p c
								m m h
When	the	look around	(the big house),		Vera	finds	the body	(of (a second man)).

S					P	C		
h	q				v	m h	q	
	S		P	A			p	c
	m m	h	v	p c			m m	h
All	[the two victims	have	in common]	is	a fascination	(with moths)	-and	

(C continued)

q						
p	c					
	P		C			
	V	m	m	m	h	
(with	[catching	these	beautiful,	intriguing	creatures]).	

03

세계 표상하기

　언어에 대한 체계기능학적 접근은 의미를 관념적, 대인적, 텍스트적 대기능이라는 세 가지 관점으로 보는 것을 의미한다. 관념적 대기능은 세계와 개체 혹은 참여자들 안에서 발생하는 행동, 사건, 상태를 포함하는 과정(process)과 그 과정이 벌어지는 배경(circumstance)을 다룬다. 관념적 대기능은 다시 "표상적(representational)" 기능과 "논리적(logical)" 기능으로 나눌 수 있다.[2] 논리적 기능은 표상적 기능의 요소들이 함께 연결되는 방식에 대해 다룬다. 이 장에서는 관념적 대기능 중에서도 표상적 기능만을 다룰 것이다. 대인적 대기능은 화자와 청자 사이에서 수립된 관계 혹은 화자와 그의 메시지 사이에서 수립되는 관계에 대한 것이다. 텍스트적 대기능은 메시지가 함께 놓이는 방식에 관심을 둔다. 세 가지 대기능은 이 가운데 무엇 하나만 가장 중요하다고 말할 수 없을 만큼 똑같이 중요하다. 심지어 세 가지 대기능은 모든 절에 존재한다. 하지만 체계기능학적 접근법이 익숙하지 않은 사람들이 "의미(meaning)"를 떠올릴 때 가장 먼저 생각할 수 있는 것이 아마도 관념적 대기능일 것이므로, 세 가지 대기능 중 관념적 대기능을 논

---

2) [역주] Halliday & Matthissen(2014)를 위시하여 다수의 체계기능언어학 서적에서는 관념적 대기능을 논리적 대기능과 경험적(experiential) 대기능 두 가지로 나눈다. 이때 본서의 표상적 기능과 Halliday & Matthissen(2014)의 경험적 기능은 용어만 다를 뿐 개념역은 동일하다. 전자가 기능적 측면에 보다 집중한 용어라면, 후자는 의미적 측면에 보다 집중한 용어라고 할 수 있다. 한편, Halliday & Matthissen(2014)에서 관념적 대기능을 다루는 장(章)의 제목이 "Caluse as representation"이라는 점도 참고할 만하다.

의의 시작점으로 삼기로 한다.

3.1. 관념적 대기능

하나의 절은 하나의 과정(행동, 사건, 상태)과 하나 이상의 참여자로 구성된다. 여기에 여러 배경이 추가될 수 있다. 과정과 해당 과정의 참여자, 배경 사이의 관계를 "동성(transitivity)"이라 하며, 동성은 관념적 대기능의 주요 부분을 구성한다. 동성은 여타의 이론들에서 자동사와 타동사를 구별하는 제한적인 개념으로 다루어지지만, 체계기능언어학에서는 보다 복잡한 일련의 집합적 관계를 포함한다. 이 책은 과정 유형을 다섯 개로 분류하여 논의를 진행할 것이다.[3] 이하의 예시에서 굵은 글씨로 쓰인 부분은 설명의 대상이 되는 과정을 나타내는 것이다.

"물질적(material)" 과정은 물리적 세계에서 발생하는 행동과 사건이다.

> The UK's star student hackers **will descend** on Cambridge this weekend, to show off their skills of cyber-sabotage.
>
> (*Cambridge News*, 20 April 2016)

영국의 유명 학생 해커들이 자신들의 사이버-방해 행위 능력을 과시하기 위해 이번 주말에 케임브리지를 습격할 것이다.

"정신적(mental)" 과정은 머릿속의 사건이다. 생각의 유형을 다루는 "인지적(cognitive)"인 것, 감각의 유형(보는 것, 듣는 것 등)을 다루는 "지각적(perception)"인 것, 좋고 싫음을 다루는 "감정적(affective)"인 것 등이 여기에 포함된다.

---

3) [역주] 과정 유형은 언어에 따라 다르게 분류될 수 있으며, 동일 언어라 하더라도 학자에 따라 다르게 분류될 수 있다. 과정 유형 분류의 쟁점과 특히 한국어 분석에서의 과정 유형 분류에 대한 논의로 이관규·신희성(2020)을 참고할 수 있다.

Why do we **believe** in the unbelievable?   (*The Crack*, 333, April 2016)
왜 우리는 믿기 어려운 것을 믿는가?

As this gentleman passed along, he **saw** three little girls standing before
a shop window.   (Religious tract, 2016)
이 신사는 지나가면서, 상점 창문 앞에 세 명의 소녀들이 서 있는 것을
봤다.

If, however, you would like to stroll through the College's spacious
grounds, a pathway (accorded a national 'biodiversity' award) that starts near
the vehicle entrance gates on Victoria Avenue will take you through the
Grove - where on 10 February 1792 Coleridge composed his poem "In
Jesus Wood" - to the rear of North Court.

(Jesus College, Cambridge, tourist guide, 2016)
하지만, 만약 여러분이 대학의 넓은 운동장을 거닐고 싶다면, 빅토리아
애비뉴 쪽 차량 출입문 근처에서 시작되는 길(국가에서 '생물다양성' 상을 받은)
이 여러분을 노스 코트 뒤편 숲-1792년 2월 10일, 콜리지가 그의 시 "In
Jesus Wood"를 지었던 곳-으로 안내할 것이다.

"관계적(relational)" 과정은 두 개체 사이의 관계 혹은 개체와 그 개체가
가지는 특징 사이의 관계를 진술한다. 관계적 과정은 크게 세 가지로 나눌
수 있으며, 개체에게 특징이나 자질을 부여하는 "속성(attributive)", 같은 개
체를 다른 말로 지시하는 "식별(identifying)", 그리고 "소유(possessive)"로 구분
한다. 소유는 일반적으로 직접적인 소유 관계뿐 아니라, 포함 관계 같은 것
을 다루기도 하는데, 포함 관계 또한 넓게 보아 소유 관계로 볼 수 있기
때문이다. 아래 예들 중 첫 번째에는 두 개의 속성 관계적 과정이 나타나며,
두 번째 예에는 식별 관계적 과정이, 세 번째에는 소유 관계적 과정이 나타
난다.

The book **is** a splendid thing, its musical notations and Latin text meticulously inked on the vellum (calfskin) pages which **are** still firm and flexible after nearly half a millennium. (*The Journal Culture*, April 2016)

이 책은 아주 인상적인데, 음악적 개념과 라틴어 텍스트가 피지(송아지 가죽)로 만들어진 페이지에 잉크로 꼼꼼히 적혀 있으며, 이 피지는 거의 500년이 지난 지금까지도 여전히 튼튼하고 유연하다.

Sasha Regan **is** the founder and artistic director of a multiple award winning theatre in London's Southwark area.

(Cambridge Arts Theatre programme, 20-23 April 2016)

사샤 리건은 런던 서더크 지역에 있는 여러 차례 상을 받았던 극장의 설립자이자 예술 감독이다.

This well-stocked shop **includes** brands such as Floris, Cath Kidston, Peony and Dents plus luxury cards and gift wrap.

(Ely Cathedral brochure, 2016)

재고가 풍부한 이 가게는 플로리스, 캐스 키드슨, 피오니, 덴츠와 같은 브랜드를 비롯하여 고급 카드와 포장지까지 갖추고 있다.

"전언적(verbal)" 과정은 의사소통을 나타내는 과정이다.

For the moment, however, he **said** the most effective way to tackle Ades aegypti is to mobilise the public. (*Guardian Weekly*, 8-14 April 2016)

하지만, 그 당시, 그는 이집트 숲모기를 해결할 가장 효과적인 방법은 대중을 동원하는 것이라 말했다.

"존재적(existential)" 과정은 말 그대로 무언가의 존재를 진술한다. 영어에서 존재적 과정을 표현하는 가장 일반적인 방법은 There is/are 구조를 쓰는 것이다.[4]

---

4) [역주] 이상으로 본서에서는 다섯 가지 과정 유형을 설명하였는데 일반적으로 체계기능언

There **has been** a church on this site since the early 12th century, although only a little of the first church building remains.

(St. John the Baptist Church, Newcastle, tourist guide)

12세기 초부터 이 자리에는 교회가 있었는데 지금은 처음 교회 건물의 일부만이 남아 있다.

위 예문에는 존재적 과정의 사례가 두 가지 나타난다. 동사 *has been*은 존재적 과정의 꽤 전형적인 예인 반면, *remains*는 덜 전형적인 예에 해당한다.

3.2. 물질적 과정

각각의 과정 유형은 한두 개의 참여자를 가지며, 경우에 따라 세 개의 참여자가 나타나기도 한다. 물질적 과정은 전형적으로 "동작주(agentive)" 유형의 참여자를 가진다. 동작주는 과정을 수행하거나 과정이 발생하도록 하는 참여자이다. 대부분의 체계기능언어학 개론서는 이 유형의 참여자들을 단일한 참여자 유형으로 묶고, "행위자(actor)"라고 부른다. 그러나 행위자를 세 가지 서로 다른 유형으로 분류해 살펴보는 것도 유용할 것이다. 다음 예를 살펴보자.

William, 33, and Kate, 34, played cricket and football with children from the slums of Mumbai yesterday, delighting them despite their less than perfect efforts.

(*Metro*, 11 April 2016)

윌리엄(33)과 케이트(34)는 어제 뭄바이 빈민가 출신 아이들과 함께 크리켓과 축구를 하였고, 그들의 노력은 완벽하진 않았지만 아이들을 즐겁게

어학 논의에서는 Halliday & Matthissen(2014)이 설정한 여섯 가지 과정 유형을 많이 인용하는 편이다. 여기서 빠진 한 가지 과정 유형은 행동적(behavioural) 과정으로 "물질적 과정과 정신적 과정의 경계에 위치"하며, "웃음, 호흡, 기침, 응시와 같은 생리이며 심리적인 행동을 나타낸다"(이관규 외, 2021: 80).

했다.

Just **the smallest amount of plutonium - about the size of an apple** -
could kill and injure hundreds of thousands of innocent people.

(Guardian Weekly, 8-14 April 2016)

딱 사과 한 개 정도 크기의 아주 적은 양의 플루토늄만으로도 수십만 명
의 무고한 사람들을 죽거나 다치게 할 수 있다.

But **temperature** affects reefs in so many ways in addition to coral
bleaching. <div align="right">(<i>Guardian Weekly</i>, 15-21 April 2016)</div>

하지만 온도는 산호 탈색뿐 아니라 많은 방식으로 암초에 영향을 미친다.

첫 번째 예에서 과정을 유발하는 참여자 *William, 33, and Kate, 34,*는
의식적인 동작주(agent)로, 이 유형의 참여자를 "행위자(actor)"라고 부른다.
두 번째 예에서 원인을 나타내는(causal) 참여자 *the smallest amount of plu-
tonium - about the size of an apple* 그 자체는 의식적인 동작주가 아니며,
이 유형의 동작주가 과정을 일으키는 행위를 하기 위해서는 다른 의식적인
동작주를 필요로 하며, 이때 의식적인 동작주는 일반적으로 직접 언급되지
않는다. 이 유형의 참여자를 "매개자(instrument)"라고 부른다. 마지막 유형은
의식적이지도 않고, 의식적인 동작주를 필요로 하지도 않는 유형이다. 이
유형의 동작주는 스스로의 조화로 일어나는 자연 현상 같은 것들이다. 이
동작주 유형을 "작용자(force)"라고 부른다.

경우에 따라 하나의 과정이 오직 하나의 참여자만을 가지기도 한다. 전통
적으로 "자동사(intransitive)"라고 불리는 동사들이 여기에 해당한다.

Vandals ran across the roof of a car causing dents and leaving muddy
footprints in an incident in Cambourne. (*Cambridge News*, 20 April 2016)

캠본에서 일어난 사고 때 파손자들이 차 지붕을 가로질러 뛰어다니며 지
붕을 움푹 파이게 만들고 진흙 자국을 남겼다.

Vandals	ran...
행위자	과정: 물질적

여기서 물질적 과정 *ran*은 행위자인 *Vandals*라는 하나의 참여자를 가진다. 여러 개의 부가어도 나타나지만 우선은 참여자와 과정만 분석해 보기로 한다.

물질적 과정 동사들이 둘 이상의 참여자를 가질 때(전통적으로 타동사), 두 번째 참여자는 어떤 방식으로든 과정에 의해 변하거나 조정되는 개체들이다. 이때 개체들이 조정되는 방식 중 하나는 단순히 장소나 위치가 변하는 것이다. 우리는 이러한 참여자를 "피영향자(affected)"라고 부를 것이다(일부 책에서 "대상(goal)"이나 "피행위주(patient)"로 쓰이는 것에 대한 대안적 용어).

He takes **the valuables** and discards **the bag**, unaware that a bomb is buried inside. (*Cambridge News*, 21 April 2016)
그 안에 폭탄이 숨겨져 있는지도 모른 채, 그는 귀중품을 챙기고 가방을 버렸다.

위 예에서 *the valuables*은 과정 *takes*의 피영향자이며, *the bag*은 과정 *discards*의 피영향자이다. 이 절 복합체의 첫 번째 절은 아래와 같이 분석될 수 있다.

He	takes	the valuables...
행위자	과정: 물질적	피영향자

간혹 피영향자가 과정에 의해 조정되는 것이 아니라, 만들어지는 경우도 있다. 우리는 이 유형을 "결과물(result)"이라고 부를 것이다.

Members of Village Stitches in Fulbourn have made **90 crowns** using a variety of craft techniques - which will be on display in pubs and shop windows up and down the high street today in the Queen's honour.

(*Cambridge News*, 21 April 2016)

풀본의 스티치스 마을 사람들은 다양한 공예 기법을 활용해 90개의 왕관을 만들어 왔다. - 이것은 여왕의 명예를 기리기 위해 오늘 시내 중심가의 술집이나 상점 창문에 전시될 것이다.

여기서 참여자 *90 crowns*는 존재하지 않던 것을 창조한 것으로 결과물에 해당한다. 이 절 복합체는 아래와 같이 분석될 수 있다.

Members of Village Stitches in Fulbourn	have made	90 crowns...
행위자	과정: 물질적	결과물

이제 다음 예의 α-절에서 두 번째 참여자를 보자.

Paul Stearn, Head Gardener at Jesus College, has visited **the shelter** many times, particularly when it was dry enough to be used as storage space for gardening materials. (*CAM*, 60, 2010)

지저스 칼리지의 팀장 정원사 폴 스턴은 여러 차례 쉼터를 방문했었는데, 특히 원예 도구를 보관할 공간이 충분할 만큼 건조한 때에 방문했다.

두 번째 참여자 *the shelter*는 누군가 방문했다는 사실에 의해 조정되지도 창조되지도 않았다. 이 참여자는 방문이라는 행위가 발생한 곳, 방문된 곳 자체이며 방문이 일어난 배경 같은 것이 아니다. *the shelter*가 배경이 아니라 참여자인 이유가 바로 이것이다. 우리는 이런 유형의 참여자를 "영역 (range)"(최근에 발행된 일부 저서들에서는 "범위(scope)"라고 부름)이라고 부를 것이다. 이 절 복합체는 다음과 같이 분석될 수 있다.

Paul Stearn, Head Gardener at Jesus College,	has visited	the shelter...
행위자	과정: 물질적	영역

영역으로 알려진 참여자 유형은 꽤 복잡하다. 다음 예를 보자.

This year is the turn of the instrumentalists, who will perform **a concerto** with the Guildhall Symphony Orchestra. (Barbican programme, 2016)
올해는 기악 연주자들이 길드홀 교향악단과 협주를 공연할 차례이다.

관계적 절의 두 번째 참여자인 *a concerto*는 연주에 의해 조정되지도 창조되지도 않았다. 이것은 다만 과정을 더 명확하게 해 줄 뿐이다. 협주(concerto)는 곧 공연 그 자체이다. 이 책에서는 이러한 유형의 참여자도 "영역(range)"으로 부를 것이다. 이 절은 아래와 같이 분석될 수 있다.

...who	will perform	a concerto...
행위자	과정: 물질적	영역

이처럼 영역에는 차이가 크진 않지만 서로 다른 두 가지 유형이 존재한다. 첫 번째는 "개체 영역(entity range)", 두 번째는 "과정 영역(process range)"이라 할 수 있다. 다만 이 책에서는 이들을 하나의 영역으로 묶어서 볼 것이다.

때때로 물질적 과정들은 세 번째 참여자를 가진다. 이 참여자는 누군가가 선물을 건넬 때 그것을 받는 사람처럼, 과정이 향하는 사람을 가리킨다. 이 참여자를 "수령자(recipient)"라고 부른다. 다음 예에서 대명사 *her*가 여기에 해당한다.

Kennedy had no idea how he would pay for the rest of her schooling, but he reasoned that even a few months' secondary teaching would give **her** a chance. (theguardian.com, 4 July 2016)
케네디는 남은 학교생활에 필요한 교육비를 부담할 수 있는 방도가 없었지만, 그는 단 몇 달간의 중등교육이 그녀에게 기회를 줄 수 있을 것이라고 생각했다.

...even a few months' secondary teaching	would give	her	a chance.
매개자	과정: 물질적	수령자	영역

수령자에는 변이형이 있는데 누군가가 선물을 사주는 사람과 같이 과정 자체가 수행되어지는 참여자가 여기에 해당한다. 이를 "수혜자(beneficiary)"라고 부를 것이다. 다음 예에서는 *your wife*가 여기에 해당한다.

So why should you buy **your wife** flowers?

(professorhouse.com, 4 July 2016)

그래서 왜 네가 네 아내에게 꽃을 사 줘야 해?

...should	you	buy	your wife	flowers?
과정: ...	행위자	...물질적	수혜자	피영향자

위 절은 의문형의 영향으로, 행위자가 과정 중간에 삽입되면서 과정이 불연속적으로 되었다.

이와 관련하여 유의해야 할 것은 수령자와 수혜자는 절에서 전치사구로 표현되지 않을 때에만 직접 참여자가 된다는 것이다. 쉽게 *to your wife/for your wife*와 같은 유형의 변이를 떠올릴 수 있다. 이 경우, 의미적으로는 여전히 수령자와 수혜자가 나타난다고 할 수 있지만, 그것은 더 이상 참여자로 부호화되어 있는 것이 아니며, 부가어로 부호화된 것이다. 우리는 이 것들을 우회적(oblique) 참여자 혹은 간접적(indirect) 참여자로 여길 수 있다. 즉, 부가어가 간접적으로 참여자를 표현하는 것이다. 아래의 사례가 여기에 해당한다.

Maybe you are a man who initiates many kindnesses **to your wife** and you don't receive much respect or kindness in return.

(familylife.com, 4 July 2016)

어쩌면 당신은 아내에 대해 먼저 많은 친절을 베풀고서도 그에 상응하는 존경이나 친절을 충분히 받지 못하는 남자일 수 있다.

Of course, if you aren't prone to surprising your wife for no reason, be warned that the first time you buy flowers **for your wife**, she may be a little suspicious, wondering what indiscretions you have made that you are trying to make up for. (professorshouse.com, 4 July 2016)

물론 당신이 이유 없이 아내를 놀라게 하는 편이 아니라면, 아내를 위해 처음 꽃을 샀을 때 그녀가 당신이 어떤 잘못을 했는지 궁금해 하며 다소 미심쩍어 할 수도 있다는 사실을 유의해야 할 것이다.

배경 부가어(표에서 배경)가 간접적인 참여자들(표에서 수령자)을 부호화하는 것으로 볼 때, 분석은 아래와 같이 이루어진다.

...who	initiates	many kindnesse	to your wife...
행위자	과정: 물질적	영역	배경: 수령자

3.3. 정신적 과정

정신적 과정은 머릿속, 즉 마음에서 일어나는 과정들이다. 생각하는 과정인 인지적 과정, 지각하는 과정인 지각적 과정, 감성적인 과정인 정서적 과정의 세 가지 유형이 있다. 이들 세 가지 유형은 모두 같은 부류의 참여자를 가진다. 정신적 과정에는 전형적으로 두 개의 참여자가 있다. 첫째는 정신적 과정이 벌어지는 공간으로서의 마음을 지니고 있는 의식적 존재이고, 둘째는 정신적 경험의 내용이다. 과정이 벌어지는 공간을 가진 의식적 존재는 "감지자(senser)", 그가 감지한 내용은 "현상(phenomenon)"이라 한다. 다음은 정신적 과정 중 인지적, 지각적, 정서적 과정의 예들이다(아래 표의 '과정: 정신적').

We believe young women are the leaders of change. (*CAM*, 59,2010)
우리는 젊은 여성들이 변화의 리더라고 믿는다.

See world-class exhibitions in our stunning exhibition galleries.
(British Museum map, 2016)
우리의 멋진 전시 갤러리에서 세계 정상급 전시를 보세요.

He also disliked the increasingly unrealistic elements in Gilbert's
writing.　　　　(Cambridge Arts Theatre programme, 20-23 April 2016)
그는 길버트의 글 속 비현실적인 요소들도 점점 더 싫어졌다.

이들은 아래와 같이 분석될 수 있다. 두 번째는 명령절이기 때문에 감지
자가 나타나지 않았다.

we	believe	young women are the leaders of change.
감지자	과정: 정신적	현상

See	world-class exhibitions ...	
과정: 정신적	현상	

He	(also) disliked	the increasingly unrealistic elements in Gilbert's writing.
감지자	과정: 정신적	현상

첫 번째 예에서 보이듯 현상은 빈번하게 절 수준으로 위계 이동되기도
한다.

3.4. 관계적 과정

관계적 과정(아래 표의 '과정: 관계적')은 두 항목을 연결하거나 하나의 항목
과 그것의 특성을 연결한다. 관계적 과정 또한 다시 세 가지 유형으로 나뉠
수 있는데, 정신적 과정에서와는 달리 과정 유형의 차이가 곧 참여자의 유

형 차이로 이어진다. 첫 번째 유형은 속성 과정으로 항목과 그 항목의 특성을 연결한다.

> The interior of the Hall, when completed in 1451, was very plain.
>
> (Queen's College Cambridge brochure, 2016)
>
> 1451년 완공 당시, 이 홀의 인테리어는 매우 평범했다.

위 예에서처럼 묘사되는 항목은 "보유자(carrier)"로 불리며, 묘사된 내용은 "속성(attribute)"으로 불린다. 따라서 위 예의 참여자와 과정은 아래처럼 분석될 수 있다.

The interior of the Hall, ...	...was	very plain
보유자	과정: 관계적	속성

속성은 전치사구의 형태로도 나타날 수 있다. 아래의 예에서 전치사구는 특정 항목의 장소를 제공하며, 문두에 위치하고 있다. 이때 장소는 고정되며, 비록 일시적인 장소일지라도 잠시나마 그것의 특성으로 여겨질 수는 있으므로 속성으로 기능한다고 본다.

> On the wall opposite the College Shop are two slate plaques commemorating our modern Patroness, the late Queen Elizabeth; the Queen Mother, and Her Majesty, Queen Elizabeth II.
>
> (Queen's College Cambridge brochure, 2016)
>
> 칼리지 상점 맞은편 벽에는 근대에 우리의 후원자였으며, 대비이자 엘리자베스 2세 여왕 폐하이신, 고 엘리자베스 여왕을 기리는 두 개의 석판이 있다.

On the wall opposite the College Shop	are	two slate plaques commemorating our modern Patroness, the late Queen Elizabeth; the Queen Mother, and Her Majesty, Queen Elizabeth II.
속성	과정: 관계적	보유자

관계적 과정의 두 번째 유형은 식별 과정이다. 이 과정 유형은 동일한 개체를 지시하는 두 개의 표현을 연결시킨다.

John Wolfson is Honorary Curator of Rare Books for Shakespeare's Globe. (Globe Theatre programme, 2016)

존 울프슨은 셰익스피어 세계의 희귀 도서 명예 큐레이터이다.

여기서 식별되고 있는 항목은 "표시(sign)"라고 부르고 그것을 식별하기 위해 사용하는 표현은 "값(value)"이라고 부른다. 위 예는 아래처럼 분석될 수 있다.5)

John Wolfson is	Honorary Curator of Rare Books for Shakespeare's Globe
표시 과정: 관계적	값

관계적 과정의 세 번째 유형은 소유이며, "소유자(possessor)"와 "피소유자(possessed)"라 부르는 두 가지 참여자를 가진다.

Unlike many other historical places, Hadrian's Wall has something for everyone. (Northumberland tourist guide, 2016)

다른 많은 역사적인 장소들과 달리, 하드리아누스의 장벽은 모두를 위한

---

5) [역주] Halliday & Matthissen(2014)에서는 식별 과정의 참여자로 피식별자(identified)와 식별자(identifier)를 설정하고 있다. 또한 토큰(token)과 값(value)의 개념도 다루고 있는데 이는 식별 과정이 같은 사물을 동어 반복이 아닌 방식으로 두 번 언급하는 부호화를 설명하기 위한 것이다. 예를 들어, "Tom is the treasurer"와 "Tom is the tall one" 모두에서 'Tom'은 피식별자이지만 전자에서는 값이고 후자에서는 토큰이다. 이때 토큰은 하위 '표현(expression)'이고 값은 상위 '내용(content)'이다. 자세한 내용은 Halliday & Matthissen(2014; 한정한 외 옮김, 2022: 390-41)을 참조할 수 있다.

한편, 본서에서는 '표시(sign)'와 '값(value)', '표시(sign)'와 '토큰(token)'이 한 번씩 짝지어 나오고 있다. 전자는 본문에서 후자는 요약에서 출현하며, 둘 중의 하나는 오기로 보는 것이 적절해 보이는데 'sign'이 개념상 'token'과 상응한다는 점에서 후자를 오기로 볼 수 있다. 또 별개로 연습문제 풀이에서는 '토큰(token)'과 '값(value)'을 용어로 사용하고 있다.

무언가를 가지고 있다.

위 절은 아래와 같이 분석될 수 있다.

Hadrian's Wall	has	something for everyone
소유자	과정: 관계적	피소유자

소유 유형의 분석은 무언가가 다른 무언가에 포함되는 방식의 추상적 소유의 형태를 나타내는 절에도 적용될 수 있다.

Located in the heart of Newcastle city centre, the Great North Museum: Hancock contains a Roman collection of international significance from along the length of Hadrian's Wall and its outpost forts.

(Hadrian'S Wall tourist brochure, 2016)

뉴캐슬 도심 한복판에 위치한 그레이트 노스 박물관인 핸콕은 하드리아누스 장벽을 둘러싸고 있는 외부 요새 같은 국제적으로 중요한 로마의 컬렉션을 포함한다.

Located in the heart of Newcastle city centre, the Great North Museum: Hancock	contains	a Roman collection of international significance from along the length of Hadrian's Wall and its outpost forts
소유자	과정: 관계적	피소유자

3.5. 전언적 과정

전언적 과정(아래 표의 '과정: 전언적')은 곧 의사소통의 과정이다. 전형적으로 두 가지 참여자를 가지는데, 메시지를 표현하는 사람을 "화자(sayer)"라고 하며, 메시지의 내용을 "말(verbiage)"이라고 한다.

In a speech last year, British prime minister David Cameron said "the corrupt, criminals and money launderers" take advantage of anonymous company structures.　　　　　　　　　　(*Guardian Weekly*, 8-14 April 2016.)

지난해 연설에서 데이비드 캐머런 영국 총리는 "부패 세력, 범죄자, 돈세탁자들"이 익명의 회사 구조로부터 이득을 취한다고 말하였다.

이 절은 아래와 같이 분석될 수 있다.

...British prime said minister David Cameron	"the corrupt, criminals and money launderers" take advantage of anonymous company structures.
화자　　　　　과정: 전언적　　말	

정신적 과정을 나타내는 절에서의 현상과 마찬가지로, 전언적 과정의 말은 위의 예에서처럼 종종 위계 이동된 절을 가지기도 한다. 전언적 과정에서는 메시지를 수신받는 사람도 나타날 수 있다. 메시지를 수신받는 사람이 전치사구의 형태로 실현되지 않으면, 물질적 과정에서 무언가를 건네받는 개체와 마찬가지로 수령자로 분석할 수 있다.

The Prime Minister told the Commons he went over to help Mr. Brown through a "gaggle of MPs" who were impeding his progress down the aisle so the House could get on with the vote.

(theglobeandmail.com, 18 May 2016)

총리는, 의회가 투표를 계속할 수 있도록, 복도에서 그의 통행을 저지하던 "한 무리의 의원들"을 지나, 자신은 브라운을 도우러 갔던 것이라고 하원의원들에게 말했다.

이 예에서 *the Commons*는 수령자로 기능한다.

The Prime Minister	told	the Commons	he went over to help Mr. Brown through a "gaggle of MPs" who were impeding his progress down the aisle so the House could get on with the vote
화자	과정: 전언적	수령자	말

위의 두 가지 예에서 사용된 것처럼 말로 기능하는 항목은 전통적으로 간접화법(reported speech)이라 불렸다. 많은 언어학자들은 이러한 예를 투사된 절이라 부르면서 엄밀히 말해 이들은 (투사하는) 주절의 참여자가 아니라고 보고, "말(verbiage)"이라는 용어를 사용하지 않았다. 그러나 투사된 절이고 아니고를 떠나, 그것이 여전히 우리에게 말해진 무언가를 이야기하고 있다는 점에서 그 기능은 동일하며, 따라서 "말"이라는 용어의 사용은 정당하다. 정신적 과정에서의 현상과 관련해서도 비슷한 지적이 있을 수 있다.

3.6. 존재적 과정

존재적 과정(아래 표의 '과정: 존재적')들은 간단히 말해 무언가의 존재를 진술하는 것이다. 존재적 과정을 형성하는 가장 흔한 형태는 *There is*나 *There are*로 시작하는 절이다(그렇다고 이것이 전부인 것은 아니다).[6] 이 절들은 존재한다고 기술되는 오직 하나의 개체만을 참여자로 가지며, 이를 "존재자(existent)"라고 부른다.

There was even a swimming pool - which my three were so excited about. (*Voyage*, Summer 2016)
심지어 우리 셋이 너무 신나 했던 수영장도 있어.

---

6) [역주] 한국어에서 존재적 과정은 전형적으로 '있다'를 통해 실현될 수 있다. 영어와 한국어의 존재적 과정 차이에 대해서는 이관규 외(2021: 83-84)를 참조할 수 있다.

이 유형의 절에서 *There*라는 단어는 동성 기능을 가지고 있지 않다. 이것은 단지 절의 존재적 성격을 나타낼 뿐이다. 따라서 이 예의 첫 번째 절은 다음과 같이 분석될 수 있다.

There	was	...a swimming pool...
	과정: 존재적	존재자

절이 부정문일 때는 아래와 같이 개체의 존재가 부정된다.

There could not have been a better setting for my first journey to the centre of the Loire - here I was spending a night in a chateau rather than merely visiting one. (*Voyage*, Summer 2016)
루아르 중심가로 향하는 나의 첫 여행을 위해 이보다 더 좋은 곳은 없을 것이다 – 나는 이곳을 잠깐 방문한 것이 아니라, 성에서 온전히 하룻밤을 보냈다.

여기서 a *better setting*은 존재하지 않는 곳이지만, 그럼에도 존재자를 가진 존재적 과정으로 분석된다.

There	could not have been	a better setting for my first journey to the centre of the Loire
	과정: 존재적	존재자

3.7. 우회적 참여자들

표면적으로 참여자인 항목이 절의 참여자로 기능하지 않는 것처럼 보이는 경우가 있을 수 있다. 다음 예를 보자.

The BTR Wirral 10K was won for the second consecutive year by

23-year-old Dejene Gezimu from Liverpool Harriers AC in 31:09.

(*Good News Liverpool,* October 2016)

The BTR Wirral 10K에서는 리버풀 해리어스 AC 소속인 23세 Dejene Gezimu가 31분 09초 기록으로 2년 연속 우승자가 됐다.

이 절에는 물질적 과정 *was won*이 있으며, 이때 주어는 영역으로 기능하는 *The BTR Wirral 10K*이다. 위 예문 일부는 아래와 같이 분석될 수 있다.

The BTR Wirral 10K	was won...
영역	과정: 물질적

하지만 우승을 한 사람은 분명히 *Dejene Gezimu*라고 말할 수 있다. 그렇다면 그는 이 절의 행위자인가? 어떤 면에서는 맞는 말이다. 하지만 이 절에서 그는 전치사구로 표현되었으며, 전치사구는 행위자를 포함하는 부문이라기보다는 부가어(즉, 배경)에 가깝다. 그러므로 이 경우 행위자는 일종의 배경으로 표현되고 있는 것이다. 이것을 "동작주(agentive)" 배경(아래 표의 '배경: 동작주')이라 할 수 있다. 해당 현상을 설명하기 위해, "우회적 참여자(oblique participant)"라는 용어를 사용할 수 있다. 동작주 배경은 앞에서 예로 든 절과 같은 수동태 절에서 나타난다. 능동태로 재구성된 절과 비교해 보면, *"23-year-old Dejene Gezimu from Liverpool Harriers AC won the BTR Wirral 10K for the second consecutive year in 31:09"*에서 *23-year-old Dejene Gezimu from Liverpool Harriers AC*는 완전한 의미의 행위자이다. 따라서 위의 절을 아래와 같이 확장하여 분석해 볼 수 있다.

The BTR Wirral 10K	was won...	by 23-year-old Dejene Gezimu from Liverpool Harriers AC...
영역	과정: 물질적	배경: 동작주

앞서 살핀 수령자 및 수혜자와 관련해서도 유사한 사례가 나타날 수 있

다. 아래 예에서 *start-ups*는 우회적 수령자이다.

The Centre provides flexible accommodation and business advice to start-ups. (*CAM*, 59, 2010)
센터는 신생기업들에 유연한 숙박 서비스 및 비즈니스 조언을 제공한다.

우회적 수령자까지 포함하여 다음과 같이 분석할 수 있다.

The Centre	provides	flexible accommodation and business advice	to start-ups
행위자	과정: 물질적	영역	배경: 수령자

　　물론 보다 완전하게 동성을 다루는 것은 배경적 부가어 전체를 함께 다루며 배경의 유형을 방법(manner), 시간(time), 장소(place) 등으로 분석하는 것이겠으나, 본서에서는 이 부분을 논외로 두고자 한다.[7]

더 확장된 사례 분석

　　다음 텍스트는 뉴캐슬에 있는 세인트존 침례교회(Church of St. John the Baptist)의 2016년 안내 팸플릿에서 발췌한 것이다.

　　The font is used in the rite of baptism, by which **one becomes a Christian. Water from the font is poured** over the head of the person being baptised. **The font cover is one of the oldest pieces of woodwork** in the church. **The font itself is a late 17th century replacement; the original was destroyed by the Scots when they came** to Newcastle during the Bishops' War in 1640. **The vaulting of the tower** (1475) **was the gift of Robert Rhodes, whose coat of arms you can see** above the font.

---

7) [역주] 이관규 외(2021: 84-93)에서는 영어 예문뿐 아니라 한국어 예문을 곁들여 배경에 대해 기술하고 있어 참조가 된다.

이 세례반(洗禮盤)은 누군가 기독교인이 되는 세례 의식에 사용됩니다. 세례를 받는 사람의 머리 위로 세례반의 물을 붓습니다. 세례반 덮개는 교회에서 가장 오래된 목공품 중 하나입니다. 이 세례반 자체는 17세기 후반에 교체된 것입니다. - 원본은 스코틀랜드인들이 1640년 주교 전쟁으로 뉴캐슬에 왔을 때 그들에 의해 파괴되었습니다. 탑의 천장(1475년)은 로버트 로즈의 선물이었는데, 세례반 위를 보면 여러분도 그의 문장(紋章)을 보실 수 있습니다.

다음은 과정과 참여자들에 대한 분석이다. 배경은 여기서 다루지 않는다. 위의 발췌문에서 굵게 표시한 부분을 중심으로 분석이 이루어진다. 절 전체의 분석이 필요한 때는 추가적인 설명을 덧붙일 것이다.

The font	...is used
피영향자	과정: 물질적

세례반이 세례에 사용될 때 이것에 변화가 생기지 않았다고 본다면, 해당 참여자를 영역으로 분석하는 것도 가능할 수 있다. 하지만 세례에 사용하기 위해 세례반에 실제로 물을 붓는다는 점에서 이는 피영향자로 간주될 수 있다.

...one	become	a Christian
보유자	과정: 관계적	속성

관계적 과정은 보통 어떤 상태를 나타내지만, 상태의 변화 또한 나타낼 수 있다. 이 경우 과정은 그러한 상태를 유발한다. 위 분석이 그러한 사례에 해당한다.

Water from the font	is poured
피영향자	과정: 물질적

수동태 동사로 표현되는 물질적 과정은 대개 주어 자리에 피영향자가 온다.

The font cover	is		one of the oldest pieces of woodwork
보유자	과정: 관계적	속성	

The font itself	is		a late 17th century replacement ...
보유자	과정: 관계적	속성	

...the original	was destroyed		by the Scots...
피영향자	과정: 물질적		배경: 동작주

이 절에서 우리는 *by the Scots*로 표현된 우회적 동작주 참여자의 예를 확인할 수 있다.

...they	came...		
동작주	과정: 물질적		

The vaulting of the tower(1475)	was		the gift of Robert Rhodes...
보유자		과정: 관계적	속성

두 참여자가 모두 정관사 *the*와 함께 쓰인 관계적 과정들은 대개 식별 과정에 해당하나, 위 예는 그렇지 않다. 식별 과정은 유일한 관계성을 나타내기 때문에, 위 절이 식별 과정이기 위해서는, 탑의 천장이 로버트 로즈가 준 유일한 선물인지를 알 필요가 있다.

..whose coat of arms	you		can see...
현상	감지자		과정: 정신적

마지막으로, 정신적 과정 중 지각적 과정의 사례를 살펴보면, 현상이 소유격 관계절로 도입되기 때문에 절의 시작점에 위치하고 있다.

종합적으로 이 짧은 발췌문이 두 가지 주요한 일을 수행하고 있음을 알 수 있다. 이 글은 무언가를 묘사하기 위해서는 관계적 절들을 사용하였고, 역사적 배경을 제공하기 위해서는 물질적 과정들을 사용하였다.

요약

- 절들은 과정과 그 참여자로 구성되며, 때에 따라 배경을 포함한다.
- 과정 유형은 다섯 가지가 있다.
  - 물질적 과정은 물리적 행동과 사건을 표현한다.
  - 정신적 과정은 머릿속의 사건을 표현한다.
  - 관계적 과정은 두 개체 사이의 관계, 혹은 하나의 개체와 그것의 특징 사이의 관계를 표현한다.
  - 전언적 과정은 의사소통의 과정을 표현한다.
  - 존재적 과정은 개체의 존재를 표현한다.
- 물질적 과정에 나타날 수 있는 참여자는 행위자, 매개자, 작용자, 피영향자, 결과물, 영역, 수령자 및 수혜자이다.
- 정신적 과정은 인지적이거나 지각적이거나 정서적이다.
- 정신적 과정에 나타날 수 있는 참여자는 감지자, 현상이다.
- 관계적 과정은 속성적이거나 식별적이거나 소유적이다.
- 관계적 과정 중 속성 과정의 참여자는 보유자와 속성이다.
- 관계적 과정 중 식별 과정의 참여자는 표시와 값이다.[8]
- 관계적 과정 중 소유 과정의 참여자는 소유자와 피소유자이다.
- 전언적 과정에서 참여자는 화자와 말이며, 수령자 역시 나타날 수 있다.
- 존재적 과정은 존재자라는 하나의 참여자만 가진다.
- 참여자가 전치사구로 나타날 경우, 전치사구는 부가어로 기능하며 참여자는 우회적 참여자라고 할 수 있다.

---

8) [역주] 원서에서는 'sign and token'이라고 기술되어 있으나 앞서 역주에서 다룬 것처럼 이는 'sign and value'의 오기로 보이므로 번역에서는 이를 교정하였다.

활동 및 연습

1. 다음은 가디언 위클리(*Guardian Weekly*, 2018년 1월 26일 - 2월 1일)에서 발췌한 것이다. 각 문장에서 굵게 표시된 동사들이 어떤 유형의 과정인지 써 보자.

   a. "They **have** a relationship of mutual benefit with the Chinese state", says Jamie McEwan of Enders Analysis.
   엔더스 분석의 제이미 매큐언은 "그들은 중국 정부와 서로에게 이득이 되는 관계를 맺고 있다"라고 말한다.

   b. A wallaby **was apprehended** after hopping along the Sydney Harbour Bridge just before rush hour.
   왈라비 한 마리가 출근 시간 직전에 시드니 하버교(橋)를 따라 깡충깡충 뛰다가 포획되었다.

   c. Astronomers **do not** yet **understand** the circumstances under which neutron stars would unleash such powerful blasts of radiation.
   천문학자들은 중성자별이 아주 강력한 방사선을 방출할 수 있는 배경이 무엇인지 아직 이해하지 못하고 있다.

   d. Critics **say** President Nicolás Maduro's government has disrupted domestic food production by expropriating farms and factories.
   비평가들은 니콜라스 마두로 대통령 정부가 농장과 공장을 몰수함으로써 국내 식량 생산을 망쳤다고 말했다.

   e. If you **can move** it, it's a prop.
   당신이 그것을 움직일 수 있다면, 그것이 소품이다.

   f. Nobody **saw** the murder.
   아무도 살인을 목격하지 못했다.

   g. Soon, behind the silent sitters, there **was** an excited crowd.
   곧, 조용히 앉아 있는 사람들 뒤에는, 흥분한 관중들이 있었다.

   h. The scientists **asked** the volunteers to perform a creative thinking task as they lay inside a brain scanner.
   과학자들은 뇌 스캐너 안에 누워 있는 지원자들에게 창의적인 생각을 하도록 요청했다.

i. Then there **is** the national talent for taciturnity.

그러니까 그 나라는 침묵에 재능이 있다.

j. Trump **was** at the Camp David presidential retreat with Republican senators to plot the year ahead.

트럼프는 공화당 상원의원과 함께 한 해를 계획하기 위해 캠프 데이비드 대통령 별장에 있었다.

2. 다음은 처칠 리뷰(*Churchill Review*, 51호, 2014년)에서 발췌한 것이다. 굵게 표시된 과정과 참여자를 분석해 보자.

a. In the following months, **an enthusiastic crowd attended the academic seminar series**, where speakers from both MCR and SCR communities alternated to present their work.

이후 몇 달 동안, 학술 세미나 시리즈에 열정적인 청중들이 참석하였고, MCR과 SCR 커뮤니티 출신 발표자들은 차례대로 그들의 작품을 발표하였다.

b. Next morning **the full extent of the revelry was obvious.**

다음날 아침 흥청대며 놀았던 것의 전모는 명백했다.

c. **The Ultimate Frisbee club has had a fantastic year.**

얼티밋 프리스비 클럽은 환상적인 한 해를 보냈다.

d. **There was no tradition** to direct us and so Cambridge came to expect something unusual, modern "sixties" even, from the "Madingley Road Tech", as we were sometimes unkindly called, and we rarely disappointed.

현대적인 "60년대"였음에도, 케임브리지 대학은 공과대학을 지도한 전통이 없었고, 우리에게 특별한 무언가를 기대했었다. 가끔 "매딩리 로드 공과대학"이라고 무례하게 불리기도 했지만, 우리는 별로 낙담하지 않았다.

e. **We hope to organise more events throughout the United Kingdom in 2015.**

우리는 2015년에 영국 전역에서 더 많은 행사를 개최하기를 기원한다.

f. **We** now **train** in the new University Sports Centre, which has modern facilities and is much closer to the College grounds than previous venues.

우리는 지금 새로운 대학 스포츠 센터에서 훈련하고 있는데, 센터에는 현대식 시설이 갖추어져 있으며 이전 시설보다 대학 운동장과 훨씬 더 가깝다.

g. **We were delighted** to obtain planning consent for the new court of student accommodation in April 2014.

우리는 2014년 4월에 학생 기숙사에 새 경기장을 세우는 계획이 승인된 것에 기뻐했다.

3. 다음은 *CAM*(60호, 2010년)의 기사문을 발췌한 것이다. 굵게 표시된 부분의 과정과 참여자를 분석해 보자.

One evening in 2005 **a small group of dark-suited, middle-aged men gathered** in a private dining room at one of London's most venerable clubs. **It included a senior member of the Tory frontbench**, the influential former editor of a broadsheet newspaper, a successful writer **who enjoyed close links with the Blair administration**, a brace of well-known columnists (one political, the other from the financial pages) and a high-profile public servant with a string of top flight jobs in finance and industry to his name. **If the Establishment really did exist** with a capital 'E', **this is what it would look like.**

As **the candle-light danced** on the mahogany and **warmed the tones of the book spines lining the walls, I indulged myself in a fantasy: the club servant would** discreetly **close the door** at the end of our dinner, leaving us to enjoy the coffee and port, then **one of our number would tap his**

wine glass and **say something along the lines of "Gentlemen, we meet in a time of grave national peril..."** and **propose that we plot a coup d'état**.

2005년 어느 날 저녁, 어두운 색의 정장을 입은 소수의 중년 남성들이 런던에서 가장 유서 깊은 클럽에 있는 개인 식당에 모였다. 거기에는 토리 당의 고위 인사, 영향력 있는 전직 신문 편집자, 블레어 행정부와 긴밀한 관계를 맺었던 유명 작가, 유명한 칼럼니스트 둘(한 명은 정치부, 다른 한 명은 경제부)과 금융 및 산업 분야에서 최고 직함을 가졌던 고위 공직자가 소속되어 있었다. 만약 대문자 'E'를 쓰는 지배 계층 인사들로 구성된 비밀조직(the Establishment)이 정말로 존재한다면, 이들 같은 모습이었을 것이다.

촛불이 마호가니 나무 위에서 춤을 추고 벽에 나란히 있는 책 등의 색상을 따뜻하게 만들자, 나는 스스로 환상에 빠져 들었다: 우리 저녁 식사가 마무리될 즈음 클럽 직원은 우리가 커피와 포트 와인을 즐길 수 있도록 둔 채 조심스레 문을 닫았고, 우리 중 하나가 자신의 와인 잔을 두드리며 "신사 여러분, 우리는 중대한 국가적 위기의 시대를 직면하고 있습니다..."라고 말 하더니, 쿠데타를 모의할 것을 제안했다.

4. 다음은 음전기 디지타이저(negative digitiser)의 조작 설명서(2016년)에서 발췌한 것이다. 우회적 참여자까지 포함하여 굵게 표시된 과정과 참여자들을 분석해 보자.

This device may be used by children aged 8 years and above and by people with limited physical, sensory or mental capabilities, or lack of experience and knowledge, provided that **they are under supervision,** or **have been told how to use the device safely and are aware of the potential risks. Children must not play** with the device. **Cleaning and user maintenance tasks may not be carried out by children** unless **they are supervised.**

이 장치는 관리하에 혹은 장치를 안전하게 사용하는 방법과 잠재적인 위험성에 대한 안내 후에, 8세 이상의 어린이나 신체적, 감각적, 정신적 능력이 제한적이거나 경험 및 지식이 부족한 사람도 사용할 수 있습니다. 어린

아이들은 장치를 절대 사용할 수 없습니다. 관리 감독이 이루어지지 않는 한, 어린아이들은 장치를 청소하거나 수리할 수 없습니다.

5. 다음은 보이지(*Voyage*, 2016년 여름호)를 발췌한 것으로, 한정 동사가 굵게 표시되어 있다. 이 동사들로 표현된 과정에 나타나는 참여자들을 구분한 뒤, 과정 및 참여자의 유형을 분석해 보자.

> There **are** railway stations throughout the Loire for those looking to do the 'cycle and train' trip, and many tourists **enjoy** riding through the fields of vines both along the Loire and above it. It **is** especially beautiful between Tours and Saumur and through the Chinon appellation.
> Driving through the countryside, I **called in on** Domaine de Rochville in the village of Parnay. As well as some fantastic awardwinning wines to taste, Philippe Porche's winery **has** a superb new reception hall for visitors, along with an adjoining terrace, where I **enjoyed** the spectacular view of the valley below.
> '자전거와 기차' 여행을 하려는 사람들을 위해 루아르 곳곳에 기차역이 있고, 많은 관광객들이 루아르강 앞과 위의 포도밭 사이로 자전거 타는 것을 즐긴다. 투르와 소뮈르 사이와, 시농이라 불리는 곳을 통과할 때 특히 아름답다.
> 시골 지역을 따라가다가, 나는 파르네 마을에 있는 도메인 드 로치빌을 방문했다. 필리프 뽀르슈의 포도주 양조장은 수상 경력이 있는 환상적인 맛의 와인과, 양쪽에 테라스가 둘러진 방문객들을 위한 신축 연회장을 지니고 있는데, 그곳에서 나는 계곡 아래의 장관을 즐겼다.

6. 다음은 2011년에 작성된 자동차 렌트 서류를 발췌한 것이다. 과정과 참여자를 구분한 뒤, 유형을 분석해 보자.

> Customers who arrive 1 day or more early at our rental stations with a reservation that does not match the current date will not be able to use the reservation reserved online. The branch may be able to offer an

alternate reservation but please note the rates will not match the online reservation. If you fail to collect your car on the specified pick-up date, we reserve the right to charge a no-show fee of either the cost of the booking or up to a minimum of £50, whichever is the lesser. In the event of a no-show, your credit card will be refunded, less the no-show charge.

대여소에 하루 이상 일찍 도착해, 예약 날짜가 맞지 않는 고객은 온라인으로 예약한 내역을 이용하실 수 없습니다. 지점에서 대체 예약을 제안할 수 있을지도 모르나, 온라인으로 예약했던 것과 남아 있는 예약의 요금이 일치하지 않을 수 있음을 유념해 주십시오. 지정된 픽업 날짜에 차량을 가지러 오시지 못할 경우, 당사는 예약 비용 혹은 최소 50파운드의 노쇼 비용(둘 중 더 금액이 적은 쪽)을 청구할 권리를 갖고 있습니다. 이 경우 노쇼 요금을 제외한 금액이 신용 카드에서 환불될 것입니다.

7. 최근 발행된 소설을 찾아 아무 쪽이나 펼쳐 보자. 잘리지 않고 전체가 다 나온 문단에서, 가장 먼저 나오는 다섯 개 절의 과정과 참여자를 분석해 보자.

8. 신문의 스포츠면 기사를 찾아, 처음 나오는 다섯 개 절의 과정과 참여자를 분석해 보자.

활동 및 연습 풀이

1. a. have: 관계적 과정
   b. was apprehended: 물질적 과정
   c. do not … understand: 정신적 과정
   d. say: 전언적 과정
   e. can move: 물질적 과정
   f. saw: 정신적 과정
   g. was: 존재적 과정

h. asked: 전언적 과정

i. is: 존재적 과정

j. was: 관계적 과정

2. a.

an enthusiastic crowd	attended	the academic seminar series
행위자	과정: 물질적	영역

b.

the full extent of the revelry	was	obvious
보유자	과정: 관계적	속성

c.

The Ultimate Frisbee club	has had	a fantastic year.
소유자	과정: 관계적	피소유자

d.

There	was	no tradition
	과정: 존재적	존재자

e.

We	hope	to organise more events throughout the United Kingdom in 2015.
감지자	과정: 정신적	현상

f.

We...	train
행위자	과정: 물질적

g.

We	were delighted
감지자	과정: 정신적

3.

a small group of dark-suited, middle-aged men		gathered
행위자		과정: 물질적

It	included	a senior member of the Tory frontbench
소유자	과정: 관계적	피소유자

who	enjoyed	close links with the Blair administration
소유자	과정: 관계적	피소유자

the Establishment...	did exist	
존재자	과정: 존재적	

this	is	what it would look like
보유자	과정: 관계적	속성

the candle-light	danced	
작용자	과정: 물질적	

(the candle-light) warmed	the tones of the book spines lining the walls	
(작용자)	과정: 물질적	피영향자

I	indulged	myself in a fnatasy
감지자	과정: 정신적	현상

the club servant	would ... close	the door
행위자	과정: 물질적	피영향자

one of our number	would tap	his wine glass
행위자	과정: 물질적	피영향자

(one of our number) say	something along the lines of "Gentlemen, we meet in a time of grave national peril..."	
(화자)	과정: 전언적	말

(one of our number)	propose	that we plot a coup d'etat
(화자)	과정: 전언적	말

4.

This device may be used	by children aged 8 years and above and by people with limited physical, sensory or mental capabilities, or lack of experience and knowledge	
피영향자	과정: 물질적	배경: 행위자

they	are	under supervision
보유자	과정: 관계적	속성

(they)	have been told	how to use the device safely
(수령자)	과정: 전언적	말

(they)	are	aware of the potential risks
(보유자)	과정: 관계적	속성

Children	must not play
행위자	과정: 물질적

Cleaning and user maintenance tasks	may not be carried out	by children
영역	과정: 물질적	배경: 행위자

they	are supervised
피영향자	과정: 물질적

5.

There	was	railway stations
	과정: 존재적	존재자

many tourists	enjoy	riding through the fields of vines both along the Loire and above it
감지자	과정: 정신적	현상

It	is	especially beautiful
보유자	과정: 관계적	속성

I	called in on	Domaine de Rochville in the village of Parnay
행위자	과정: 물질적	영역

Philippe Porche's winery	has	a superb new reception hall for visitors
소유자	과정: 관계적	피소유자

I	enjoyed	the spectacular view of the valley below
감지자	과정: 정신적	현상

6.

who	arrive
행위자	과정: 물질적

that	does not match	the current date
토큰	과정: 관계적	값

customers... current date	will not be	able
(보유자)	과정: 관계적	속성

The branch	may be	able
보유자	과정: 관계적	속성

note	he rates will not match the online reservation
과정: 정신적	현상

the rates	will not match	the online reservation
토큰	과정: 관계적	값

you	fail	to collect your car
행위자	과정: 물질적	영역

We	reserve	the right to charge a no-show fee
토큰	과정: 관계적 값	

whichever	is	the lesser
토큰	과정: 관계적	값

your credit card	will be refunded
피영향자	과정: 물질적

04

화자가 맺는 관계

대인적 대기능은 화자(speaker)가 언어를 사용하면서 맺는 관계를 다루며, 관계를 맺는 대상에 따라 두 가지로 나뉜다. 첫 번째는 화자가 청자 (addressees)와 형성하는 관계이고, 두 번째는 화자가 자신의 메시지 내용과 형성하는 관계이다. 첫 번째 유형은 주로 "서법(mood)" 체계로, 두 번째 유형은 "양태(modality)" 체계로 다루어진다.

4.1. 서법

기본적으로 "평서법(declarative mood)"과 "극성 의문법(polar interrogative mood)" 간의 차이를 살펴보자. 평서법은 정보를 제공함으로써 화자와 청자에게 특정한 역할을 부여한다. 이때 화자의 역할은 정보를 주는 것이며 청자의 역할은 정보를 받는 것이다. 극성 의문절에서 화자는 질문하는 사람이라는 역할을 맡고, 청자는 잠정적으로 답변하는 사람의 역할을 맡는다. 먼저 극성 질문의 예를 살펴보자.

Would you like to know more? (Newspaper advertisement, 11 April 2016)
당신은 더 알고 싶습니까?

*would*와 *you*의 상대적인 위치를 통해 이것이 질문임을 알 수 있다. *would*
와 *you*의 위치가 바뀐다면, *You would like to know more*라는 진술, 즉 평서
형이 된다. 평서법과 의문법 구별에 사용되는 이러한 동사 그룹 요소를 "한
정어(finite)"라고 한다.9) 동사 그룹은 아래 예의 *sail*처럼 하나의 단어로만
구성되기도 한다.

On our return journey **we sail** along the beautiful coastline, allowing
magnificent seaward views of both Bamburgh and Holy Island Castles.

(Boat trip leaflet, 2016)

여행에서 돌아오는 길에 우리는 뱀버러와 홀리 아일랜드 성 양쪽의 멋진
바다 경관을 보여주는 아름다운 해안선을 따라 항해한다.

위 예문에서 한정어와 동사는 단일어로 융합되어 있다. 이 같은 경우, 의
문절을 만들 때 영어는 무표적 한정어(default finite)인 *do*를 사용한다(예를 들
면, *Do we sail...?*).

하나의 절에서 서법 구조는 주어와 한정어로 구성되는 서법 요소(mood
element)(줄여서 서법부(mood))와 서법부를 제외한 나머지인 잔여부(residue)로
분석된다. 위에서 예로 든 것 중 첫 번째는 다음과 같이 분석될 수 있다.10)

Would you	like to know more?
서법부	잔여부

---

9) [역주] 'finite'는 본래 영어의 정형 동사(finite verb)와 비정형 동사(non-finite verb)를 구
   별하는 개념이다. 하지만 이관규 외(2021: 104, 각주 3번)에서 언급하고 있듯이 한국어는
   대체로 용언이 정형의 형태를 취한다는 점, 해당 논의가 동사에 시제 등의 문법적 의미를
   한정하는 의미기능을 다루고 있다는 점을 고려하여 '한정어'로 번역하기로 한다.

10) [역주] 본서의 원문에 쓰인 'mood'는 '서법'과 '서법부' 두 가지로 번역되었다. 전자는 대
    인적 대기능에서 교환의 담화의미를 담지하는 주요 어휘문법 체계를 표상하며, 후자는
    대인적 대기능을 이루는 구조에서 주어와 한정어로 구성되는 부분을 표상한다. 한편,
    Halliday & Matthissen(2014; 한정한 외 옮김, 2022: 209)에서는 이를 구분하기 위해,
    전자의 경우 체계명으로 쓰일 때 'MOOD', 구조명으로 쓰일 때 'mood'로 표기하고 후자
    는 'Mood'로 표기하기도 했다.

두 번째 예에서 서법부는 주어 *we*와, 동사 그룹의 일부분인 *sail*로 구성되는데, 여기서 *sail*은 융합된 한정어(fused finite)를 만든다. 따라서 잔여부의 일부는 서법부 앞에 오고 다른 일부는 서법부 뒤에 온다. *sail*이라는 단어는 부분적으로는 한정어이고 부분적으로는 잔여부이기 때문에 서법부와 잔여부로 쪼개진다. 이를 아래와 같이 나타낼 수 있다.

On our return we sa- journey	-il along the beautiful coastline, allowing magnificent seaward views of both Bamburgh and Holy Island Castles.
잔- 서법부	-여부

의문사 의문절의 서법 구조 분석은 의문사가 주어로 기능하는지, 보충어(complement) 혹은 부가어로 기능하는지에 따라 다르다. 의문사는 주어로 기능할 때는 서법부의 일부분이 되고, 보충어나 부가어로 기능할 때는 잔여부의 일부분이 된다. 다음의 예에서 *What*은 *keeps*의 주어로 기능한다. 그래서 서법부는 주어 *what*과 융합된 한정어를 구성하는 *keeps*의 일부를 합친 것이 된다.

What keeps you awake at night? (*Cambridge News*, 20 April 2016)
무엇이 당신을 밤에 깨어있게 하는가?

What ke-	-eps you awake at night?
서법부	잔여부

아래 예의 *How*는 부가어로 기능한다. 따라서 서법부는 한정어 *would*와 주어 *you*로 구성된다.

How **would you** explain your current work to a stranger on the bus?
(*Cambridge News*, 20 April 2016)
당신은 당신의 현재 작업을 버스의 낯선 사람에게 어떻게 설명하겠는가?

How would you explain your current work to a stranger on the bus?
잔- 서법부 -여부

절의 본동사가 (be나 have같이) 한정어로 기능할 수 있는 동사일 때, 서법 구조의 관점에서도 그것은 한정어로 기능한다고 본다.

더 확장된 사례 분석

다음은 지역 사건 및 문화 잡지인 더 크랙(*The Crack*, 2016년 4월)의 인터뷰에서 발췌한 것이다.

There seems to be a big schism between Labour party members and the Parliamentary Labour Party at present. Can you see that circle ever being squared?

Our MPs, Police & Crime Commissioners, councillors, trade unions and party members in the north-east are all focused on one thing - getting the best deal possible for local residents. I'm standing up to deliver a better police service; our councillors are standing up to protect local services such as adult care; libraries and social services and our MPs are taking the government to task over the unfair cuts that continue to hit our police forces and local councils. Jeremy Corbyn was elected with a huge mandate. He has a job to do and it is our job to support him in delivering policies that make a real difference to hard working families across the north-east.

현재 노동당 당원과 중앙당 사이에 큰 분열이 있는 듯하다. 어찌 동그라미가 네모가 되겠는가?

우리 북동부 지역의 국회의원들, 경찰 및 경찰국장들, 의원들, 노동조합들, 그리고 당원들은 모두 한 가지에 초점을 맞추고 있는데, 그것은 지역 주민들을 위해 가능한 한 최선의 거래를 얻어 내는 것이다. 나는 더 나은 경찰 서비스 제공을 주장했고, 우리 의원들은 성인 복지, 도서관, 사회 서비스 같은 지역 서비스의 보장을 주장했다. 그리고 우리 국회의원들은 우리 경찰력과 지역 의회에 타격을 입히고 있는 부당 감축과 관련하여 정부를 비판했다. 제레미 코빈은 엄청난 권한을 가진 자리에 선출되었다. 그는 그가 할 일을 해야 하고, 우리의 일은 그가 북동부 전역에서 성실히 살아가는 우리 가족들에게 의미 있는 변화를 만들어 줄 정책을 전달할 수 있도록 그를 지원하는 것이다.

There se-	-ems to be a big schism between Labour party members and the Parliamentary Labour Party at present.
서법부	잔여부

Can you	see that circle ever being squared?
서법부	잔여부

Our MPs, Police & Crime Commissioners, all focused on one thing - getting the councillors, trade unions and party members in best deal possible for local residents. the north-east are	
서법부	잔여부

I'm	standing up to deliver a better police service...
서법부	잔여부

...our councillors are	standing up to protect local services such as adult care; libraries and social services...
서법부	잔여부

...our MPs are	taking the government to task over the unfair cuts that continue to hit our police forces and local councils.
서법부	잔여부

Jeremy Corbyn was	elected with a huge mandate
서법부	잔여부

He has	a job to do...
서법부	잔여부

...it is	our job to support him in delivering policies that make a real difference to hard working families across the north-east.
서법부	잔여부

4.2. 양태

양태는 화자가 자신의 메시지와 맺고 있는 관계를 표현하는 방법이다. 양태에는 기본적으로 두 가지 유형이 있다. 첫 번째는 어떤 것이 진실일 가능성에 대한 화자의 판단을 나타내는 방법이다. 이를 "정보 양태 (modalization)"(혹은 "인식 양태(epistemic modality)")라고 한다. 두 번째 유형은 허가와 의무를 나타내며 "행위 양태(modulation)"(혹은 "의무 양태(deontic modality)") 라고 한다. 영어에는 양태를 부호화할 수 있는 방법이 매우 다양한데, 가장 일반적인 것은 양상 조동사(modal auxiliary)를 사용하는 것이다. 양상 조동사 에는 *will, would, shall, should, may, might, can, could, must* 따위가 있다.

If soap operas had been around in the Middle Ages, the Plantagenets **would** surely have topped the list of dysfunctional families with a plot line that reads like a royal version of Eastenders. (*Voyage*, Summer 2016)
만약 중세 시대에 연속극이 있었다면, '플랜태저넷 왕가'는 분명히 마치 '이스트엔더스'의 왕족 버전 같은 줄거리로 문제 가정 순위 명단에서 1위를 차지했을 것이다.

Why **should** I be required to drive on the left or right side of the road according to the law of the country? (Religious tract, 2016)
왜 내가 국가의 법에 따라 도로의 왼쪽이나 오른쪽으로 운전하도록 요구 받아야 하는가?

Perhaps Petruchio **might** take her on for a bet: he's a bit of a gold-digger and as wild and rebellious as our Kate.

(Globe Theatre programme, Summer 2016)

아마도 페트루치오는 그녀에게 내기를 걸 것이다 - 그는 자신의 외모를 무기로 이성에게 돈을 요구하는 면이 있고, 우리의 케이트 못지않게 거칠고 반항적이다.

"준-양상 조동사(semi-modals)"와 같은 용어를 사용하여 양상 조동사에 동화되기도 하는 몇 가지 유형을 추가하는 것도 가능하다. 아래와 같이, 부정사 앞에 오는 *ought, have, be* 같은 동사들이 여기에 해당한다.

You only **have to arrive** 45 minutes before departure and there's no need to worry about finding parking and then getting everyone from the car to the departure lounge on time. (*Voyage*, Summer 2016)
출발 45분 전에 도착하기만 하면 되고 주차장을 찾는 일이나, 시간 맞춰 차에 탄 모든 사람들을 출발 라운지에 데려오는 일은 신경 쓰지 않아도 된다.

이따금 동사 *need*도 이러한 유형에 포함된다.

Volunteers **need** to be 16+ and be able to make a regular commitment. (*Cambridge News*, 21 April 2016)
자원봉사자들은 16세 이상이어야 하며, 규칙적으로 참여할 수 있어야 한다.

또한 *seem, permit, allow, oblige*와 같이 어휘 의미가 양태적이라고 볼 수 있는 동사들도 많이 있다.

Photography is **permitted** in selected galleries, for non-commercial uses. (British Museum map, 2016)
촬영은 일부 갤러리에 한해서 비상업적인 용도로 허가된다.

그리고 양태는 부사(예를 들어, *possibly*), 형용사(예를 들어, *possible*), 명사(예를 들어, *possibility*)를 통해서도 표현될 수 있다.

There is **certainly** no doubt that HMS Pinafore presents a very British, very eccentric kind of humour through parody cocking a snook at pompousness in witty words and catchy music.

(Cambridge Arts Theatre programme, 20-23 April 2016)

HMS 피나포어가 재치 있는 단어와 중독성 있는 음악으로 거만함을 조롱하는 패러디를 통해 매우 영국적이고 괴팍한 종류의 유머를 보여준다는 것에는 확실히 의심의 여지가 없다.

It's only **possible** to apply to stay indefinitely after five years.

(*North East Times*, April 2016)

5년이 지나야지만 무기한 체류 신청이 가능합니다.

In the meantime, the **uncertainty** this brings to those businesses is most unfortunate and one would have thought could have been avoided.

(*Cambridge News*, 21 April 2016)

한편, 이것이 그러한 사업체들에 가져다주는 불확실성은 매우 불행한 것이며, 누군가는 피할 수 있었다고 생각했을 것이다.

4.3. 발화 행위

말하는 것, 즉 의사소통하는 것은 일종의 행위이다. 우리는 말함으로써 정보를 알리고, 질문하고, 명령하고, 칭찬하고, 감사하고, 제안하는 등의 행위를 한다. 의사소통을 통해 수행하는 행위는 기본적으로 네 가지 유형이 있다. 먼저 무언가를 제공하는지 요청하는지로 나눌 수 있고, 다음으로 제공하거나 요청하는 것이 정보나 재화 및 서비스로 나눌 수 있다. 이러한 각각의 분류를 교차시키면 다음의 네 가지 유형이 만들어진다.

1. 정보 제공하기
   The font is used in the rite of baptism, by which one becomes a Christian. (Explanatory leaflet, Church of St. John the Baptist, Newcastle, 2016)

이 세례반(洗禮盤)은 누군가 기독교인이 되는 세례 의식에 사용됩니다.

2. 정보 요청하기

Which feathered friends can you spot from the deck?

(Voyage, Summer 2016)

갑판에서 어떤 깃털 달린 친구들을 발견할 수 있나요?

3. 재화 및 서비스 제공하기

How about learning a new skill for free?

(What's On in Newcastle, 30 March - 13 April 2016)

무상으로 새로운 기술을 배워 보는 건 어떠세요?

4. 재화 및 서비스 요청하기

If you would like to make a donation while enjoying fast track access to the Cathedral for 12 months, please enquire about purchasing our new Annual Pass. (Wells Cathedral tourist brochure, 2016)

줄 서지 않고 바로 성당에 입장할 수 있는 서비스를 12개월 동안 사용하시면서 동시에 기부도 하고 싶으시다면, 새로운 연간 입장권을 문의해 주세요.

발화 행위의 네 가지 유형을 표로 정리하면, 다음과 같다.[11]

	교환 대상	
행위의 유형	정보	재화 및 서비스
제공하기	The font is used in the rite of baptism, by which one becomes a Christian.	How about learning a new skill for free?
요청하기	Which feathered friends can you spot from the deck?	If you would like to make a donation while enjoying fast track access to the Cathedral for 12 months, please enquire about purchasing our new Annual Pass.

---

11) [역주] 네 가지 발화 행위와 관련해 일반적으로 정보 제공은 평서절과 정보 요청은 의문절과 재화 및 서비스 요청은 명령절과 대응한다. 한국어의 서법 체계에 대한 체계기능언어학적 접근은 신희성(2019: 64-65)와 이관규 외(2021: 109-112)를 참고할 수 있다.

요약

- 서법은 서법부(서법 요소)와 잔여부로 분석될 수 있다.
- 서법부(서법 요소)는 주어와 한정어로 구성된다.
- 양태에는 두 가지 유형이 있다: 정보 양태와 행위 양태
- 정보 양태는 어떤 것이 진실일 가능성에 대한 화자의 판단을 나타낸다.
- 행위 양태는 허가와 의무를 나타낸다.
- 발화 행위는 정보나 재화 및 서비스를 제공하고 요청하는 것이다.

활동 및 연습

1. 런던 플래너(*London Planner*, 2016년 4월호)에서 발췌한 아래 예들의 서법 구조를 분석해 보자.

   a. Deer have roamed freely around Richmond Park since 1529.
   1529년부터 사슴들은 리치먼드 공원 주변을 자유롭게 돌아다녀 왔다.

   b. You might catch the last of the season's shoveler and gadwall ducks, too.
   당신은 그 계절의 마지막 넓적부리와 알락오리도 잡을 수 있을 것이다.

   c. More than 500 items from the band's personal archives and private collections are on display in *Exhibitionism*, including rare guitars, outrageous costumes and backstage paraphernalia.
   이 밴드의 개인 아카이브와 희귀한 기타, 독특한 의상, 무대 뒤 소품이 포함된 개인 소장품 중 500여 점이 전시되어 있다.

   d. Visitors can watch part of the Queen's Guard mount daily at 11 am in Friary Court.
   방문객들은 매일 오전 11시에 수도원에서 여왕 수비대 교대의 일부를 볼 수 있다.

   e. Originally a novel about a show boat on the Mississippi River in the late 1800s, the story was adapted into a Broadway musical in 1927.

원래 이 소설은 1800년대 후반 미시시피강에 있는 순회공연선에 대한 것이었는데, 1927년에 브로드웨이 뮤지컬로 각색되었다.

f. This month, Dame Kelly Holmes - Olympic gold medallist in Athens 2004 in the 800m and 1,500m - steps out of retirement to make her debut in the race.

이번 달에 2004년 아테네 올림픽 800m와 1500m 금메달리스트인 켈리 홈즈 여사는 은퇴를 깨고서 레이스에 데뷔했다.

g. More than 100 high-calibre bottles have been chosen from around the world to pair with the burgers.

전세계에서 100개 이상의 고품질 병들이 이 햄버거와 짝을 맞추기 위해 선택되었다.

2. 글로브 극장 여름 시즌 프로그램(Globe Theatre Summer Season programme, 2016년)에서 발췌한 다음 글의 서법 구조를 분석해 보자.

Having opened the Sam Wanamaker Playhouse in 2014, the Globe is now actively planning its very own library and archive on site, on London's Bankside. John has generously agreed to bequeath to the Globe an important collection of rare and valuable volumes, including a First Folio and Quarto editions. Having these texts will cement the Globe's reputation as the first point of reference for teaching, research and interpretation of Shakespeare in performance.

2014년에 샘 워너메이커 극장으로 문을 열었던 글로브는 현재 런던의 뱅크사이드 현지와 관련된 아주 독자적인 자료와 아카이브를 적극적으로 계획하고 있다. 존은 첫 2절지 버전과 4절지 버전이 포함된 진귀하고 가치 있는 주요 컬렉션을 글로브에 물려주는 것에 흔쾌히 동의했다. 이러한 문헌을 보유하는 것은 셰익스피어 공연의 교육, 연구, 해석을 위한 첫 번째 주요 참조점으로 글로브의 명성을 확고하게 할 것이다.

3. 다음은 학술 논문(Martinez, Ron(2018): "Specially in the last years ...": Evidence of ELF and non-native English forms in international journals, *Journal of English for Academic Purposes*, 33, 40-52)의 마지막 단락을 발췌한 것이다. 발췌문에 나타난 양태를 모두 찾아보자.

Any venturing of ideas about the practical implications of the present research should probably be reserved for future studies that can corroborate or otherwise compare with the results of this study. Again, it seems the surface has just been scratched here. Nonetheless, as Heng Hartse and Kubota (2014) have observed, "a broadening of EFL to writing would have a great impact on pedagogy, writing and publishing practices" (p. 75). It is hoped that this study has contributed to that broadening.

본 연구 결과의 실제적인 시사점에 대한 아이디어의 탐색은 아마도 본 연구의 결과를 확증하거나, 혹은 본 연구 결과와 대조되는 후고를 통해 이루어져야 할 것이다. 다시 말하자면, 이 연구의 전개는 피상적으로 보일 수 있다. 그러나 Heng Hartse와 Kubota(2014)가 관찰한바, "외국어로서의 영어 학습을 작문 영역으로 확장하는 것은 교육학, 글쓰기 및 출판 등에 중요한 영향을 미칠 것이다."(p.75). 이 연구가 그러한 확장에 기여했기를 바란다.

4. 노스이스트 타임스(*North East Times*, 2016년 4월호)에서 가져온 다음 기사문에 나타난 모든 양태를 찾아보자.

Having your own IT department also plays a key part in ensuring we are using the best technology and systems available as our systems manager is able to implement new resources where he feels they are required. This can be anything from the team being able to remotely access central systems while working from home or at an event easily and securely, to ensuring our web sites work effectively in handling and answering queries or questions from prospective clients and associates. Communication is undoubtedly the key facilitator in doing business and to do this effectively, technology must play a vital part, whatever sector you work within.

　자체적인 IT 부서를 꾸리는 것 또한 시스템 관리자가 필요하다고 느끼는 곳에 새로운 리소스를 구현할 수 있다는 점에서 최고의 기술과 시스템을 사용하도록 하는 데에 핵심적인 역할을 한다. 그것은 가정이나 행사장에서 쉽고 안전하게 작업하며 팀원이 중앙 시스템에 원격으로 접근할 수 있도록 하는 것에서부터 우리 웹사이트가 미래 고객 및 관계자의 문의나 질문을 효과적으로 처리하고 답변하도록 하는 것에 이르기까지 무엇이든 될 수 있다.

　의사소통은 의심의 여지없이 비즈니스를 수행하는 데 있어 핵심적인 촉진제이며, 당신이 어떤 분야에서 일하든 효과적인 의사소통을 위해, 테크놀로지가 중핵적인 역할을 해야만 한다.

5. 2017 와사스프리 신작 공모전(*Wasasfiri New Writing Prize 2017*) 전단지에서 발췌한 다음의 예문을 보고, 어떤 유형의 발화 행위에 해당하는지 이야기해 보자.

a. How did you hear about the competition?
　본 공모전을 어떻게 알게 되셨나요?

b. I enclose a stamped addressed postcard for proof of receipt.
　수령 증빙을 위해 우표를 붙이고 주소를 쓴 반환 엽서를 동봉합니다.

c. Please tick if you would NOT like to receive our updates.
　업데이트 받는 것을 원하지 않으신다면, 체크 표시를 해 주세요.

d. Simply fill in the entry form and send it to us with your entry and fee of UK Sterling £6.00 if entering one category, £10.00 for two and £15.00 for three categories (please see terms and conditions).
　간단한 참가 신청서를 작성하여, 참가비와 함께 저희에게 보내주세요, 유럽 달러로 한 개 부문에 신청하실 경우 6파운드, 2개 부문 10파운드, 3개 부문 15파운드입니다(약관 확인 부탁드립니다).

e. The competition is open to anyone who has not published a complete book in the category entered.

공모전은 공모 부문에서 출판되지 않은 완성작을 가지신 모든 분들에게 열려 있습니다.

f. The path to literary success can sometimes seem elusive, even for those with talent.

재능이 있는 분들께도 문학적 성공으로 가는 길은 때때로 이루기 어려운 길처럼 보일 수 있습니다.

활동 및 연습 풀이

1. a.

Deer have	roamed freely around Richmond Park since 1529.
서법부	잔여부

b.

You might	catch the last of the season's shoveler and gadwall ducks, too.
서법부	잔여부

c.

More than 500 items from the band's personal archives and private collections are	on display in Exhibitionism, including rare guitars, outrageous costumes and backstage paraphernalia.
서법부	잔여부

d.

Visitors can	watch part of the Queen's Guard mount daily at 11am in Friary Court.
서법부	잔여부

e.

Originally a novel about a show boat on the Mississippi River in the late 1800s, the story was	adapted into a Broadway musical in 1927.
서법부	잔여부

<table>
<tr><td>f.</td><td colspan="3">

This month, Dame Kelly Holmes - Olympic -eps out of retirement to
gold medallist in Athens 2004 make her debut in the
in the 800m and 1,500m - st- race.
</td></tr>
</table>

잔-	서법부	-여부

---

g.

서법부	잔여부
More than 100 high-calibre bottles have	been chosen from around the world to pair with the burgers.

2.

잔-	서법부	-여부
Having opened the Sam Wanamaker Playhouse in 2014,	the Globe is	now actively planning its very own library and archive on site, on London's Bankside.

서법부	잔여부
John has	generously agreed to bequeath to the Globe an important collection of rare and valuable volumes, including a First Folio and Quarto editions.

서법부	잔여부
Having these texts will	cement the Globe's reputation as the first point of reference for teaching, research and interpretation of Shakespeare in performance.

3. Any venturing of ideas about the practical implications of the present research **should probably** be reserved for future studies that **can** corroborate or otherwise compare with the results of this study. Again, it **seems** the surface has just been scratched here. Nonetheless, as Heng Hartse and Kubota (2014) have observed, "a broadening of EFL to writing **would** have a great impact on pedagogy, writing and publishing practices" (p. 75). It is hoped that this study has contributed to that broadening.

본 연구 결과의 실제적인 시사점에 대한 아이디어의 탐색은 아마도 본 연구의 결과를 확증하거나, 혹은 본 연구 결과와 대조되는 후고를 통해 이루어져야 할 것이다. 다시 말하자면, 이 연구의 전개는 피상적으로 보일 수 있다. 그러나 Heng Hartse와 Kubota(2014)가 관찰한바, "외국어로서의 영어 학습을 작문 영역으로 확장하는 것은 교육학, 글쓰기 및 출판 등에 중요한 영향을 미칠 것이다."(p.75). 이 연구가 그러한 확장에 기여했기를 바란다.

- should: 양상 조동사
- probably: 부사
- can: 양상 조동사
- seems: 어휘적 동사
- would: 양상 조동사

4. Having your own IT department also plays a key part in ensuring we are using the best technology and systems available as our systems manager is **able** to implement new resources where he feels they **are required**. This **can** be anything from the team being **able** to remotely access central systems while working from home or at an event easily and securely, to ensuring our web sites work effectively in handling and answering queries or questions from prospective clients and associates.

Communication is **undoubtedly** the key facilitator in doing business and to do this effectively, technology **must** play a vital part, whatever sector you work within.

자체적인 IT 부서를 꾸리는 것 또한 시스템 관리자가 필요하다고 느끼는 곳에 새로운 리소스를 구현할 수 있다는 점에서 최고의 기술과 시스템을 사용하도록 하는 데에 핵심적인 역할을 한다. 그것은 가정이나 행사장에서 쉽고 안전하게 작업하며 팀원이 중앙 시스템에 원격으로 접근할 수 있도록 하는 것에서부터 우리 웹사이트가 미래 고객 및 관계자의 문의나 질문을 효과적으로 처리하고 답변하도록 하는 것에 이르기까지 무엇이든 될 수 있다.

의사소통은 의심의 여지없이 비즈니스를 수행하는 데 있어 핵심적인 촉진제이며, 당신이 어떤 분야에서 일하든 효과적인 의사소통을 위해, 테크놀로지가 중핵적인 역할을 해야만 한다.

- able: 형용사
- are required: 어휘적 동사
- can: 양상 조동사
- able: 형용사
- undoubtedly: 부사
- must: 양상 조동사

5.   a. 정보 요청하기
    b. 재화 및 서비스 제공하기
    c. 재화 및 서비스 요청하기
    d. 재화 및 서비스 요청하기
    e. 정보 제공하기
    f. 정보 제공하기

05

메시지를 순서대로 취하기

텍스트적 대기능은 메시지의 구조를 만드는 방법을 다룬다. 메시지의 구조는 "주제 구조(thematic structure)"와 "정보 구조(information structure)"라는 두 가지 주요 자원을 통해 구축된다. 주제 구조는 절을 기본 단위(basic unit)로 하여 "주제부(theme)"와 "설명부(rheme)"로 나뉜다. 정보 구조는 어조군(tone group)을 기본 단위로 하여 "구정보(given)"와 "초점 정보(focalized)"로 나뉜다.

5.1. 주제 구조

주제 구조는 화자가 주제부와 설명부로 절을 조직하는 방식과 관련된다. 주제부는 화자가 자기 발화의 시작점으로 삼은 부분이며, 영어의 주제부는 절의 맨 앞에 놓인다.[12] 설명부는 화자가 주제부를 전개한 것이다. 주제부

---

12) [역주] 이관규 외(2021: 124, 각주 1번)에서 언급하고 있는바, 주제부는 '그 절이 무엇에 대한 것인가'하는 '대하여성(aboutness)'과는 다른 개념이다. Halliday & Matthiessen (2014: 89) 또한 테마를 '메시지의 출발점 역할을 하며, 메시지의 맥락 내에서 절을 찾아내고 방향을 지정하는 요소'라고 설명하며, 주제부와 설명부가 주제(Topic), 평언(Comment)과는 다른 개념임을 밝히고 있다. 그러나 '시작점(strarting point)'이라는 정의는 대체로 격이 어순으로 실현되는 영어에 대해서만 유효한 정의라 할 수 있다. 주제 구조 및 정보 구조를 다루는 이 장의 제목이 '메시지를 순서대로 취하기(getting the massage in order)'인 것도 격을 어순으로 실현하는 영어의 특성에 기인한 것이다.

그러나 한국어의 '격'은 대체로 '격조사'에 의해서 실현되기 때문에, 주제부가 반드시 문두에 위치하지 않는다. Eggins(2004: 300)도 일본어를 예로 들며, 영어가 아닌 다른

의 일부분으로서 주제부 요소는 절에서 핵심적인 것으로 이루어진다; 즉, 주제부는 절의 주요 부문인 주어, 배경적 부가어(circumstantial adjunct), 보충어(complement), 서술어(predicator) 중 하나를 반드시 포함한다. 이를 "화제적 주제부(topical theme)"라 하는데, 간단하게 "주제부"라고 부르기도 한다. 모든 절은 오직 하나의 화제적 주제부를 갖는다. 아래 예에서는 주어 *Wookey Hole Caves and Hotel*이 화제적 주제부로 기능한다.

> **Wookey Hole Caves and Hotel** are situated in the quaint village of Wookey Hole, less than two miles from the Cathedral city of Wells, with plenty of free secure parking on site and a regular bus service to Wells.
> (Wookey Hole brochure, 2016)
> 우키홀 동굴과 호텔은 웰스의 대성당이 있는 도시에서 2마일도 떨어지지 않은 우키홀의 예스러운 정취가 있는 마을에 위치해 있으며, 안전한 무료 주차 공간과 웰스행 일반 버스가 많이 있다.

이 문장은 다음과 같이 분석될 수 있다.

Wookey Hole Caves and Hotel	are situated in the quaint village of Wookey Hole, less than two miles from the Cathedral city of Wells, with plenty of free secure parking on site and a regular bus service to Wells.
주제부: 화제적	설명부

다음의 예에서는 배경 부가어 *Across any sector*가 화제적 주제부로 기능한다.[13]

언어에서는 격조사 '는[wa]'로 주제부가 실현됨을 언급하고 있다. 기존의 국어학 연구에서도 주제 구조 및 정보 구조에 대한 연구는 격조사와 일부 어미를 중심으로 이루어져 왔음을 생각할 때, 한국어의 '텍스트적 대기능'은 '메시지를 순서대로 취하는' 방식으로 실현된다고 보기는 어렵다.

13) [역주] 메시지의 화제(topic)가 된다는 것은 '주어'의 개념과는 다르다. 관련하여 Halliday & Matthiessen(2014: 76-81)은 기존의 '주어'라는 개념을 구성하는 '기능'이 단일하지 않음을 지적하며, 주어라는 단일 개념을 '심리적 주어', '문법적 주어', '논리적 주어'로 구분

Across any sector, communication is absolutely critical.

(North East Times, April 2016)

어떤 분야에서나, 의사소통은 절대적으로 중요하다.

위 예도 동일하게 분석될 수 있다.

Across any sector	communication is absolutely critical.
주제부: 화제적	설명부

주제부로 기능하는 보충어는 영어에서 상대적으로 드물지만, 다음의 짧은 발췌문의 첫 번째 절에서와 같은 예도 종종 나타난다.

Tall, elegant and softly spoken she might be, but under that calm exterior, Professor Smith has a startling - and seemingly highly incendiary - plan.

(CAM, 59, 2010)

용감하고, 우아하며, 부드러운 말투의 그녀이겠으나, 그 차분한 겉모습 아래에, 스미스 교수는 놀라운 - 매우 선동적으로 보이는 - 계획을 가지고 있다.

첫 번째 절에서 주제부로 기능하는 것은 보충어 *Tall, elegant and softly spoken*이며, 따라서 이 문장은 아래와 같이 분석될 수 있다.

한다. 이때 각각의 개념은 순서대로 체계기능언어학의 세 가지 대기능인 '텍스트적 대기능', '대인적 대기능', '관념적 대기능'의 영역에 속한다. 먼저 심리적 주어는 화자가 절을 만들 때 마음속에 품고 있는 것을 가리키는 것으로 텍스트적 대기능의 '주제부'에 해당한다. 다음으로 '문법적 주어'는 대인적 대기능의 서법부 요소로서 '주어' 개념에 해당한다. 마지막으로 논리적 주어는 '관념적 대기능'의 '행위자' 개념에 상응한다. 이들 각각은 절에서 서로 다른 별개의 요소로 실현되기도 하고, 하나의 요소가 여러 주어의 기능을 동시에 수행하기도 한다. 이에 대한보다 자세한 논의는 이관규 외(2021: 126), Halliday & Matthiessen (2014: 76-81)을 참고할 수 있다.

Tall, elegant and softly spoken	she might be, but under that calm exterior, Professor Smith has a startling - and seemingly highly incendiary - plan.
주제부: 화제적	설명부

평서절(declarative clauses)에서는 일반적으로 서술어가 주제부로 기능하기를 기대하기 어렵지만, 명령절(imperative clauses)에서는 일반적으로 서술어가 주제부로 기능한다.

Walk down the street of an excavated Roman garrison town.

(Hadrian'S Wall leaflet, 2016)

로마 수비대 마을이 발굴된 길을 걸어 내려와라.

여기서는 명령 동사 *Walk*가 주제부로 기능하며, 아래와 같이 분석될 수 있다.

Walk	down the street of an excavated Roman garrison town.
주제부: 화제적	설명부

화제적 주제부 외에 두 가지 종류의 주제부가 더 존재한다. 이들은 화제적 주제부에 추가적으로 나타나는 것으로, 항상 나타나지는 않는다. 이 경우, 추가로 나타나는 주제부들은 항상 주제부와 설명부를 경계 짓는 화제적 주제부에 선행한다. 화제적 주제부에 후행하는 것들은 모두 설명부이다. 이러한 두 가지 추가적 종류의 주제부는 "텍스트적(textual)" 주제부와 "대인적(interpersonal)" 주제부이다(텍스트적인지 대인적인지는 각각 아래의 표에 나타나 있다). 텍스트적 주제부는 화제적 주제부에 선행하며, 해당 절을 주위의 담화(discourse)와 연결시킨다. 아래의 예에서, *But*은 텍스트적 주제부로 기능하고, *residents, and councillors in Coleridge*는 화제적 주제부로 기능한다.

But residents, and councillors in Coleridge say that they are preparing for "trench warfare against another ugly unwanted building that would compete to be as big an excrescence or eyesore as the Marque".

(Cambridge News, 21 April 2016)

그러나 콜리지의 주민들과 의원들은 그들이 "마르크 못지않은 무용지물 내지는 눈엣가시가 될 또 다른 흉측한, 그들이 원치 않는 건물에 대한 참호 전을 준비하고 있다"라고 말한다.

이 문장은 다음과 같이 분석될 수 있다.

But	residents, and councillors in Coleridge	say that they are preparing for "trench warfare against another ugly unwanted building that would compete to be as big an excrescence or eyesore as the Marque".
주제부: 텍스트적	주제부: 화제적	설명부

대인적 주제부는 화제적 주제부에 선행하며, 절의 내용에 대한 화자의 태도를 나타낸다. 다음의 예에서, *Interestingly*는 화자가 그것을 흥미롭게 느낀다는 것을 말해 준다.

Interestingly, this production minimises questions of race and racism.

(Guardian Weekly, 27 January - 2 February 2017)

흥미롭게도, 이 작품은 인종과 인종 차별에 대한 의문을 최소화한다.

이것은 아래와 같이 분석될 수 있다.

Interestingly	this production	minimises questions of race and racism.
주제부: 대인적	주제부: 화제적	설명부

예 혹은 아니요로 대답을 요구하는 극성 의문절(polar interrogatives)에서, 한 정어(finite)는 주어에 선행한다. 다음의 예가 해당된다.

Do you have time for a mouse hunt?

(St. John the Baptist Church, Newcastle, tourist guide)

쥐 잡을 시간 있어?

한정어 *do*는 이 절이 질문이라는 것을 보여주는 단어로, 화자에게는 질문자의 역할을, 청자에게는 잠재적 답변자의 역할을 부여한다. 따라서 한정어 또한 화자와 청자 사이의 관계 구축과 관련이 있다는 점에서 대인적 주제부로 볼 수 있다. 결과적으로 앞서와 유사한 방식으로 아래와 같이 분석될 수 있다.

Do	you	have time for a mouse hunt?
주제부: 대인적	주제부: 화제적	설명부

종속절(subordinate clause)의 경우, 한정어와 비한정어(non-finite) 두 가지 모두 주절(main clause)에 선행하는데, 그 기능은 배경적인(circumstantial) 것이다. 결과적으로 배경 부가어와 같은 방식으로 기능하며, 화제적 주제부를 구성한다. 아래의 예를 살펴보자.

Although there's a long tradition of novels of adultery, there aren't many diaries of this kind. (Guardian Weekly, 6-12 January 2017)

불륜 소설이 오랜 전통을 가짐에도 불구하고, 이런 종류의 일기는 많지 않다.

여기서 종속절 *Although there's a long tradition of novels of adultery*는 화제적 주제부로 기능하며, 아래와 같이 분석될 수 있다.

Although there's a long tradition of novels of adultery,	there aren't many diaries of this kind.
주제부: 화제적	설명부

하지만 이 경우 하나의 절이 곧 주제부이나, 주제 구조가 하나의 절이 지니는 특성이라는 점에서, 주제부로 기능하는 종속절은 그것 자체적으로 다시 내부적 주제 구조를 가진다. 내부적 주제 구조에서, *Although*는 종속절과 주절의 관계를 알려주기 때문에 텍스트적 주제부로 기능한다. 그리고 문법적 주어인 *there*는 화제적 주제부로 기능한다. 이에 따라 분석은 아래처럼 확장된다.

Although	there	's a long tradition of novel of adultery,	there aren't many diaries of this kind.
주제부: 화제적			설명부
주제부: 텍스트적	주제부: 화제적	설명부	

이때 두 번째 줄의 분석이 오직 종속절의 내부 구조에 대한 것이라는 점을 반드시 명심해야 한다. 첫 번째 줄이 '위계절(ranking clause)'이라 부르는 것을 분석한 것이다.[14] 설명부(주절)도 절 구조를 가지고 있기 때문에 분석을 더 할 수도 있겠으나, 유념해야 할 것은 위계절은 오직 하나의 화제적 주제부만 가질 수 있으며, 주절은 이미 그에 선행하여 화제적 주제부로 기능하는 종속절 형태의 화제적 주제부를 가지고 있다는 것이다. 반대로 종속절이 주절에 후행한다면, 종속절이 자체적으로 내적 주제 구조를 가지고 있다는 점을 제외하고는 다른 부가어들과 마찬가지로 단순하게 설명부의 한 부분으로 처리한다.

---

14) [역주] 체계기능 언어학의 절 복합 체계는 종속 배열(hypotaxis)와 대등 배열(parataxis)로 나뉜다. 이때 본서에서 '위계절(raking clause)'이라 함은 대등 배열의 '선행절'과 '후행절' 그리고 종속 배열의 '주절+종속절'을 지칭한다. 체계기능언어학의 '종속 배열'과 '대등 배열'은 기존 국어학적 개념인 '대등절'과 '종속절'에 대응하지는 않는다. 예컨대, 기존 국어학에서내포문으로 다루었던 '인용절'은 체계기능언어학에서는 종속 배열에 해당한다. 이관규 외(2021: 159)에서 언급한바 체계기능언어학의 절 복합은 '형태'적 개념이 아닌 '기능'적 개념이기 때문이다. 체계기능언어학의 배열 체계를 국어에 적용한 보다 자세한 논의는 이관규 외(2021: 157-188)을 참고할 수 있다.

Unfortunately, we have not been able to process your payment **because your credit card has been declined.**　　　(Business letter, 17 January 2017)

유감스럽게도, 당신의 신용카드가 거절되어서 우리가 결제를 진행할 수 없게 되었습니다.

위 예에서, 종속절 *because your credit card has been declined*는 부가어로 기능하지만 내적 주제 구조를 가지고 있다. 이것은 아래와 같이 분석될 수 있다.

Unfortunately,	we	have not been able to process your payment	because	your credit card	has been declined.
주제부: 대인적	주제부: 화제적	설명부			
			주제부: 텍스트적	주제부: 화제적	설명부

관계절(relative clause)은 다소 특이한 경우에 해당한다. 관계절에 나타나는 관계 대명사(relative pronoun)는 관계절을 나머지 절과 연결한다는 점에서 텍스트적 주제부로 기능하지만, 동시에 절 내부적으로는 화제적 주제부로 기능한다. 따라서 관계 대명사는 두 가지 기능을 가진다. 다음의 예에서, 관계 대명사 *who*는 관계절의 주어로 기능하며, 관계절의 내부 구조에서는 텍스트적 주제부와 화제적 주제부 두 가지 모두로 기능한다.

He was the fifth of nine children of Richard and Anne Avison **who** lived in the house beside St. Bartholomew's Nunnery in Nolt Market, Newcastle.　　　(Avison leaflet, St. John the Baptist Church, Newcastle, 2016)

그는 뉴캐슬 놀트 마켓에 있는 성자 바르톨로뮤의 누네리 옆집에 살고 있던 리차드와 앤 아이비슨의 아홉 자녀 중 다섯째 아이였다.

위 예는 다음과 같이 분석된다.

He	was the fifth of nine children of Richard and Anne Avison	who		lived in the house beside St. Bartholomew's Nunnery in Nolt Market, Newcastle.
주제부: 화제적	설명부			
		주제부: 텍스트적/ 화제적	설명부	

대등절(coordinate clause)의 경우, 원칙적으로 이들은 각각 위계절로 기능한다. 따라서 다음의 예는 두 개의 위계절로 분리하여 분석된다.

Something like the rock wall built to shore up the cemetery would be ideal but it is simply too pricey to implement all the way round the island.

(Guardian Weekly, 27 January - 2 February 2017)

묘지를 지탱하기에는 돌벽 같은 것을 세우는 게 가장 좋겠지만, 섬 전체에 도입하기에는 너무 비싸다.

Something like the rock wall built to shore up the cemetery		would be ideal
주제부: 화제적		설명부
but	it	is simply too pricey to implement all the way round the island.
주제부: 텍스트적	주제부: 화제적	설명부

하지만 대부분 이런 유형의 절 복합체에서 두 절의 주어는 동일한 개체(entity)를 가리키며, 두 번째 절에서 주어는 생략되거나(elided), "이미 알고 있는 것(understood)"이 된다. 여기서 다음과 같은 의문이 발생한다. 생략된 주어를 화제적 주제부로 분석하기 위해서 복원해야 할까? 그렇지만 주어를 복원한다면 그것은 텍스트를 분석하기 위해 텍스트를 다시 쓰는 것이 된다. 문장이 쓰인 그대로 받아들이고, 대개 첫 번째로 나타나는 명시적 부문인 서술어를 화제적 주제부로 분석해야 하지 않을까? 하지만 절들이 대등하게

작동하고 있는 것으로 보이는 절에서, 첫 번째 절은 주제부로 주어를 가지는 반면 두 번째 절이 주제부로 서술어를 가지는 것은 앞뒤가 맞지 않는 듯하다. 결과적으로 여기서는 첫 번째 절의 주제부가 두 절 복합체의 주제부로 기능한다고 보는 방식을 취한다.

> **The Great Gate, at the front of the College facing St John's Street**, was completed in 1516, and bears a carving of Lady Margaret Beaufort's coat of arms.　　　　　　　　　　(St John'S College, Cambridge, leaflet, 2016)
> 성요한 거리와 마주 보고 있는 대학 정면에 있는 대문은 1516년에 완공되었고, 마거릿 보퍼트 부인의 문장(紋章)조각을 지탱하고 있다.

위 예에서, 주어 *The Great Gate, at the front of the College facing St John's Street*는 첫 번째 절의 화제적 주제부로 기능하고 있고, 이것은 두 번째 절에서도 주어이지만 생략되었다. 따라서 이 주어는 두 개 절 모두의 주제부로 간주되며, 아래와 같이 분석한다.

The Great Gate, at the front of the College facing St John's Street,	was completed in 1516, and bears a carving of Lady Margaret Beaufort's coat of arms.
주제부: 화제적	설명부

영어는 주제부 분석에 있어 문제가 되는 일반적이지 않은 구조를 몇 가지 더 가지고 있다. "외치(extraposition)" 혹은 "주제부화된 논평(thematized comment)", "분열 구조(cleft structures)", 혹은 "서술된 주제부(predicated theme)"로 알려진 것들이다.

외치에서 주어는 대명사 *it*으로 대치되고, 주어(일반적으로 꽤 길고, 절의 형태를 갖춘)는 엄밀한 의미의 절 뒤인 끝자리에 위치한다. "외치"라는 개념은 이처럼 주어가 "절 바깥"에 위치한다는 사실로부터 착안된 용어이다. 그렇다면 다음의 예에서 문법적 주어는 무엇인가?

It's no coincidence that Happer has been touted as Trump's chief science advisor.　　　(*Guardian Weekly*, 31 March - 6 April 2017)

하퍼가 트럼프의 수석 과학 고문으로 알려진 것은 우연이 아니다.

구조적이고 문법적인 관점에서 *it*은 축약된 동사 *'s*의 주어로 기능한다. 하지만 무엇이 우연이 아니냐(no coincidence)고 묻는다면, 아마도 당신은 *that Happer has been touted as Trump's chief science advisor*라고 답할 것이다. 결국 두 가지 모두가 주어라 할 수 있으며, 이러한 관점에서 주어는 한 번은 *it*이라는 대명사 형태로, 한 번은 끝에 외치된 완전한 형태로 하여 두 번 표현된 것이라 할 수 있다. 이 예의 외치되지 않은 변이형은 *that Happer has been touted as Trump's chief science advisor is no coincidence*일 것이다. 그렇다면 이것을 주제부 분석에서는 어떻게 다룰 수 있을까? 가장 처음에 오는 것은 *it*이다. 하지만 만약 주제부가 실질적으로 의미하는 것이 무엇인가에 대한 관점으로부터 화자가 시작점으로 삼고 있는 것이 무엇인지를 따져 본다면, 그에 대한 답은 무언가가 우연이 아니라는(no coincidence) 사실 자체가 될 수 있다. 따라서 It's no coincidence가 주제부로서 기능한다고 말할 수 있으며, 여기서는 이를 외치 매트릭스(extraposition matrix)라고 부르겠다. 이에 대한 분석은 다음과 같다.

It's no coincidence	that Happer has been touted as Trump's chief science advisor.
주제부: 화제적	설명부

하지만 외치 매트릭스는 아래의 예에서처럼 양태(modality) 표현에도 꽤 빈번하게 사용된다.

It's possible that every dream you have can be realized.
　　　　　(Moore 2008, accessed via Google Books, 3 April 2017)

당신의 모든 꿈이 실현되는 것은 가능하다.

여기서 외치 매트릭스 *It's possible that*은 마치 *perhaps*와 같은 양태 부사처럼 양태로 기능한다. 이 경우, 주제부 분석의 관점에서 외치 매트릭스는 대인적 주제부로 기능하고 있으며, 결과적으로 그 옆의 주요 부문인 *every dream you have*는 화제적 주제부로 기능한다. 따라서 이 절은 다음과 같이 분석된다.

It's possible that	every dream you have	can be realized.
주제부: 대인적	주제부: 화제적	설명부

분열문도 *it*으로 시작된다. 그 뒤에는 동사 *be*와, 해당 절의 주요 구성 성분 하나가 온다. 뒤에 올 수 있는 다른 구성 성분은 *wh-* 혹은 *that*절이다. 다음이 그 예이다.

It was Erica who helped Copland choreograph an audition piece to George Michael's I Want Your Sex. (*Guardian Weekly*, 24-30 March 2017) 코플랜드의 오디션 곡 조지 마이클의 'I Want Your Sex' 안무를 도운 사람은 에리카였다.

이것의 비-분열형은 *Erica helped Copland choreograph an audition piece to George Michael's I Want Your Sex*일 것이다. 분열된 절의 경우, 주어가 분열되고, 그것은 it + be 동사(여기서는 was)로 만들어진 분열 항목과 분열된 주어인 *Erica*로 나타난다. 외치의 경우와는 다르게, 이 경우 *It*을 주제부로 보는 것은 이치에 맞지 않는 것으로 보인다. 화자의 시작점은 분열 항목인 *It was Erica*이며 이것이 주제부로 기능한다고 보는 것이 보다 일관성이 있을 것이다. 따라서 이 절은 다음과 같이 분석될 수 있다.

It was Erica	who helped Copland choreograph an audition piece to George Michael's I Want Your Sex.
주제부: 화제적	설명부

더 확장된 사례 분석

다음의 텍스트는 벤 존슨(Ben Jonson)의 '악마는 당나귀(The Devil is an Ass)'라는 연극의 시놉시스로, 글로브 극장(Globe Theatre)의 팸플릿 글로브 교육 (*Globe Education*, 2016)에서 발췌한 것이다.

The Devil is an Ass was first performed in 1616 - too late to be included in the folio edition of Ben Jonson's Works.

Set in the vice-ridden world of early Jacobean London, Jonson's dark comedy follows the young demon, Pug, as he carries out Satan's work.

Pug quickly realises that his wickedness is no match for the debauchery and immorality that governs the city. Even Fabian Fitzdottrel, his chosen victim, seems unreceptive to Pug's torments. Could that be because Fitzdottrel is already under attack from some very human devils attempting to steal his money and his wife?

악마는 당나귀(Devil is an Ass)는 1616년에 처음으로 공연되었다 - 벤 존슨의 2절판 에디션에 수록되기에는 매우 늦은.

초기 자코비안 런던의 악에 찌든 세계를 배경으로, 존슨의 다크 코미디는 사탄의 일을 수행하는 어린 악마 푸그의 이야기를 다룬다.

푸그는 곧 자신의 사악함이 도시를 지배하는 방탕과 부도덕에 상대가 되지 않는다는 것을 깨닫는다. 심지어 그가 선택한 희생양인 파비안 피츠도트렐도 퍼그의 괴롭힘에 무감각한 듯 보인다. 그것은 이미 어떤 아주 악마 같은 인간이 피츠도트렐의 돈과 아내를 앗아가려고 하는 공격을 받고 있었기 때문일까?

The Devil is an Ass	was first performed in 1616 - too late to be included in the folio edition of Ben Jonson's Works.
주제부: 화제적	설명부

Set in the vice-ridden world of early Jacobean London,	Jonson's dark comedy follows the young demon, Pug,	as	he	carries out Satan's work.
주제부: 화제적	설명부			
		주제부: 텍스트적	주제부: 화제적	설명부

Pug	quickly realises	that	his wickedness	is no match for the debauchery and immorality	that	govers the city
주제부: 화제적	설명부					
		주제부: 텍스트적	주제부: 화제적	설명부		
					주제부: 텍스트적/ 화제적	설명부

Even Fabian Fitzdottrel, his chosen victim,	seems unreceptive to Pug's torments.
주제부: 화제적	설명부

Could	that	be	because	Fitzdottrel	is already under attack from some very human devils attempting to steal his money and his wife?
주제부: 대인적	주제부: 화제적	설명부			
			주제부: 텍스트적	주제부: 화제적	설명부

이 텍스트는 5개의 위계절을 가지고 있다. 첫 번째와 네 번째는 화제적 주제부로 기능하는 문법적 주어를 가지고 있는 꽤 단순한 절이다. 두 번째 절은 화제적 주제부로 기능하는 배경적 부가어를 가지며, 설명부는 텍스

적 주제부와 화제적 주제부로 구성된 자체적인 내부 구조를 가지는 절을 포함한다. 세 번째 절은 화제적 주제부로 기능하는 문법적 주어를 가지고 있으며, 설명부는 텍스트적 주제부와 화제적 주제부로 구성된 자체적인 구조를 가진 절을 포함한다. 이 절의 설명부는 다시 그 안에 관계절을 포함하고 있으며, 관계절의 관계 대명사는 텍스트적 주제부와 화제적 주제부 기능을 동시에 수행한다. 마지막 절은 극성 의문절로 조동사는 대인적 주제부로, 주어는 화제적 주제부로 기능한다. 더불어, 설명부는 자체적인 텍스트적 주제부와 화제적 주제부를 가지고 있는 절을 포함한다.

5.2. 주제부 전개

주제부 구조가 절의 특징이기만 한 것은 아니다. 보다 중요한 것은 텍스트가 이어짐에 따라 주제부가 전개되며 서로 연결되어 나가는 방식이다. 주제부는 종종 선행 담화 속의 요소들로부터 이끌어진다. 한 주제부가 앞서 나온 주제부로부터 이끌어 낸 것일 때, 우리는 이것은 "일관형 전개(constant progression)"라고 부르고, 주제부가 선행하는 설명부로부터 이끌어 낸 것일 때는 "선형 전개(linear progression)"라 부른다. 물론, 화자는 완전히 새로운 주제부를 도입할 자유가 있으며, 이 경우에는 선행 담화로부터 주제부를 이끌어 내지 않는다. 일부 언어학자들은 주제부를 이끄는 세 번째 유형으로 해당 텍스트가 기반하고 있는 어떤 일반적인 아이디어로부터 주제부를 이끌어 내는 것을 제안하기도 한다. 이것은 "파생형 주제부(derived theme)"로 불린다. 하지만 일관형 주제부(constant theme)와 선형 주제부(linear theme)는 파생형 주제부와는 다른 층위의 것으로 볼 여지도 있는데, 이러한 관점에서는 일관형 혹은 선형 주제부 또한 종종 파생형 주제부가 될 수 있다. 이 책에서는 이론을 소개하는 목적에 따라 일관형 전개와 선형 전개라는 용어만을 사용할 것이다. 주제부 전개는 위계절의 화제적 주제부만을 고려하는 논의이나, 텍스트의 논증 구조가 어떻게 구축되는지를 보여준다는 점에서 매우 중요하다.

다음의 발췌문을 보자.

> **Charles Avison** was born in Newcastle upon Tyne in 1709 being baptised at St. John's Church on 16th February. **He** was the fifth of nine children of Richard and Anne Avison who lived in the house beside St. Bartholomew's Nunnery in Nolt Market, Newcastle.
>
> (Avison leaflet, St. John the Baptist Church, Newcastle, 2016)

찰스 에이비슨은 타이네 뉴캐슬에서 1709년에 태어나, 세인트존스 교회에서 2월 16일에 세례를 받았다. 그는 뉴캐슬 놀트 마켓에 있는 성자 바르톨로뮤의 누네리 옆집에 살고 있던 리차드와 앤 아이비슨의 아홉 자녀 중 다섯째 아이였다.

이 발췌문은 두 개의 위계절을 가지고 있다. 첫 번째 절의 주제부는 *Charles Avison*이고 두 번째 절의 주제부는 대명사 *He*이다. 대명사 *He*는 앞서 나온 *Charles Avison*을 가리키므로, 두 번째 절의 주제부는 첫 번째 주제부로부터 이끌어 낸 것이다. 이는 일관형 전개의 한 예로, 아래와 같이 분석될 수 있다.

주제부1 → 설명부1	Charles Avison	was born in Newcastle upon Tyne in 1709 being baptised at St. John's Church on 16th February.
↓ 주제부2 → 설명부2	He	was the fifth of nine children of Richard and Anne Avison who lived in the house beside St. Bartholomew's Nunnery in Nolt Market, Newcastle.

주제부2 위에 있는 수직 화살표는 두 번째 절의 주제부가 선행 주제부로부터 이끌어진 것임을 의미한다.

다음의 예는 약간 다르다.

This war memorial is to remember the boys of St. John's School who died in World War One. **The school, which was in Bath Lane,** was founded in 1705 and closed in 1939.

(Tourist guide, St. John the Baptist Church, Newcastle, 2016)

이 전쟁 기념비는 1차 세계 대전에서 죽은 성 요한 학교의 소년들을 기억하기 위한 것이다. 배스 레인에 있던 이 학교는 1705년에 설립되어 1939년에 폐교되었다.

이 발췌문도 두 개의 위계절을 가지고 있다. 첫 번째 절의 주제부는 *This war memorial*이고 두 번째 절의 주제부는 *The school, which was in Bath Lane*이다. 두 번째 절의 주제부에 있는 학교는 *St. John's School*로, 첫 번째 절의 설명부에서 언급되었던 것이다. 따라서 두 번째 절의 주제부는 첫 번째 절의 설명부에서 이끌어 낸 것으로 이는 선형 전개의 예이며, 아래와 같이 분석될 수 있다.

주제부1 → 설명부1	This war memorial	is to remember the boys of St. John's School who died in World War One.
↙ 주제부2 → 설명부2	The school, which was in Bath Lane	was founded in 1705 and closed in 1939.

사선 화살표는 두 번째 절의 주제부가 선행절의 설명부로부터 이끌어졌다는 것을 의미한다. 텍스트 전체가 동일한 유형으로만 전개되는 경우는 매우 드물지만, 하나의 유형이 지배적으로 나타나는 경우는 있을 수 있으며, 그것은 텍스트의 유형에 따라 달라진다. 단순한 묘사 텍스트나 서사 텍스트는 일관형 전개가 더 많이 나타나는 반면, 논증 텍스트의 경우에는 선형 전개가 더 많이 나타나는 경향이 있다.

더 확장된 사례 분석

다음은 케임브리지 예술 극장 프로그램(Cambridge Arts Theatre programme, 2016년 4월)에서 발췌한 것이다.

Gilbert knew little or nothing about music, and once claimed that he knew only two tunes, one of which was 'God Save the Queen'. **He** was born in London on 18 November 1836, the son of a retired Royal Navy surgeon with a passion for literature. **After an abortive attempt to join Charles Kean's company at the Princess's Theatre,** he studied law with the intention of becoming a barrister, but abandoned this in favour of a literary career, an ambition encouraged by the enormous success of the Bah Ballads, published in the 1860s. **This** led directly to the commissioning of his first dramatic work, a short Christmas piece entitled Dulcamara, or the Little Duck and the Great Quack. **It** opened on 29 December 1866, and earned Gilbert the princely sum of £30.

길버트는 음악에 대해 아는 것이 거의 없거나 전혀 없는데, 언젠가 그는 알고 있는 곡이 두 곡뿐이라 말했고, 그 중 하나가 '신이여 여왕을 지켜주소서'였다. 그는 1836년 11월 18일 런던에서 은퇴한 해군 외과 의사의 아들로 태어났으며, 문학에 대한 열정을 가진 인물이었다. 프린세스 극장에서 찰스 킨의 회사에 합류하려는 시도가 실패한 후, 그는 변호사가 될 목적으로 법을 공부했지만, 1860년대에 출판된 밥 발라드의 엄청난 성공에 고무되어 문학을 직업으로 삼기 위해 그것을 포기했다. 이것은 바로 그의 첫 번째 극 작품인 둘카마라 혹은 작은 오리와 위대한 사기꾼이라고 불리는 짧은 크리스마스 작품의 창작으로 이어졌다. 이 작품은 1866년 12월 29일에 초연되었고 길버트에게 무려 총 30파운드를 수익을 가져다주었다.

주제부1 → 설명부1	Gilbert	knew little or nothing about music, and once claimed that he knew only two tunes, one of which was 'God Save the Queen'.
↓ 주제부2 → 설명부2	He	was born in London on 18 November 1836, the son of a retired Royal Navy surgeon with a passion for literature.
╱ 주제부3 → 설명부3	After an abortive attempt to join Charles Kean's company at the Princess's Theatre,	he studied law with the intention of becoming a barrister, but abandoned this in favour of a literary career, an ambition encouraged by the enormous success of the Bah Ballads, published in the 1860s.
╱ 주제부4 → 설명부4	This	led directly to the commissioning of his first dramatic work, a short Christmas piece entitled Dulcamara, or the Little Duck and the Great Quack.
╱ 주제부5 → 설명부5	It	opened on 29 December 1866, and earned Gilbert the princely sum of £30.

두 번째 절의 주제부는 *He*이고, 이것은 첫 번째 절의 주제부였던 *Gilbert*를 가리키므로, 여기서의 전개는 일관형이다. 세 번째 절의 주제부는 부가어 *After an abortive attempt to join Charles Kean's company at the Princess's theatre*이다. 이것은 그의 *passion for literature*의 한 사례로, 두 번째 절의 설명부를 가리키므로, 따라서 여기서의 전개는 선형적이다. 네 번째 주제부 *This*는 세 번째 설명부에서 언급된 *success of the Bab Ballads*를 가리키므로, 이 또한 선형 전개에 해당된다. 다섯 번째 주제부 *It*은 네 번째 설명부에 나타난 그의 연극 *Dulcamara, or the Little Duck and the Great Quack*를 가리키므로 선형 전개가 다시 한 번 나타난다. 이 발췌문은 간단한 자전적 정보로 시작하며 이를 위해 필자는 일관형 전개를 사용한다. 이어지는 절에서 그는 *Gillbert*가 걸어온 특이한 경력에 대해서 설명하기

위해 선형 전개를 사용한다.

5.3. 정보 구조

정보 구조는 주제 구조와 특정 부분에서 유사성을 가져, 일각에서는 둘을 융합하는 시도를 하기도 한다. 그러나 이 둘 사이에는 결정적인 차이가 존재하며, 따라서 체계기능언어학에서는 이 두 개념을 구분한다. 정보 구조는 주제 구조와 유사하게 두 가지 요소를 가지는데, 여기서 두 가지 요소는 구정보(given)와 초점 정보(focalized)이다. 초점 정보는 종종 "신정보(new)"로 불리기도 하지만, 말의 의미와 달리 언제나 새로운 정보인 것은 아니기 때문에 "초점 정보"라는 용어가 보다 적절하다. 초점 정보는 "어조 강조(tonic accent)"로 식별되는 요소이다. 이는 어떤 시사점을 가진다. 어조를 강조하여 말하는 것이 식별 가능한 한 가지 특징이라는 것은 우리가 음운론의 기반 위에 있으며, 정보 구조의 기본 단위가 주제 구조의 기본 단위였던 절이 아닌 "어조 단위(tone unit)"라는 것을 의미한다. 어조 단위는 하나 이상의 "음보(音步, feet)"로 만들어진다. 각각의 음보는 일반적으로 강하게 발음되는 하나의 음절과 그 뒤에 이어지는 약하게 발음되는 몇 개의 음절로 이루어지며, 오직 하나의 음절만으로 한 음보가 구성되기도 한다.15) 어조 단위에

---

15) [역주] 음성학 연구에서 '초점'내지는 '화제'와 관련되는 '정보 구조'를 나타내는 음성학적 실현은 '운율'이라는 개념으로 연구된다. Jun(2000)에서는 한국어의 운율적 위계의 계층을 '억양구〉악센트구〉음운론적 단어〉음절'로 제시한다. 여기서 음운론적 단어는 단어에 상응하는 개념이며, 악센트구는 격 표지나 후치사를 포함하는 단위로 어절 개념에 상응한다. 억양구는 하나 혹은 그 이상의 악센트구를 단위이다. 따라서 정보 구조를 실현하는 '어조 단위(tone unit)'는 하나의 단어에서부터 절 복합체를 구성하는 하나의 절까지 포함할 수 있다.

더불어 '톤(어조)의 강조(tonic accent)'라고 함은, 소리의 높낮이, 소리의 세기, 소리의 크기, 소리의 길이, 휴지 등의 양상 일체를 포괄하는 것으로 이해되어야 한다. 실제로 정보를 '강조'하는 음성적 실현은 소리의 높낮이에만 국한되는 것이 아니라, 소리의 세기, 소리의 크기, 소리의 길이, 휴지 등에 의해 종합적으로 실현된다. 여기서 한 가지 유의해야 할 점은 정보 구조가 '입말'에만 국한되는 개념이 아닌 만큼, 정보 구조에서 '톤(어조)

속한 강조되는 음절 가운데 하나가 어조를 강조하게 되며, 하나의 어조 단위에는 오직 하나의 강조된 어조가 존재한다. 사람들은 보통 어조 단위 사이에서 숨을 쉬는데, 이것은 어조 단위가 신체 한계로 인해 그 길이가 제한될 수밖에 없음을 의미한다. 절은 이론적으로 그 길이에 있어서 제한이 없고, 실제로 어떤 절은 상당히 길다. 하지만 대부분 화자들은 실제로 5-6음보 이상의 어조 단위를 말하기 힘들기 때문에 대개 어조 단위는 2-3 음보로 구성된다. 지금까지 설명만 보면 정보 구조가 구어에만 존재한다고 생각될 수 있다. 하지만 정보 구조는 텍스트(구어 혹은 문어)의 의미에 내재하는 것이며 따라서 문어 텍스트에도 존재한다. 정보 구조는 독자가 텍스트를 읽으면서 텍스트에 부과하는 것이다; 이것은 독자가 해독하는 방법의 일부분이며 이를 통해 텍스트를 이해하게 된다. 다음의 예를 살펴보자.

On 15th January 1737 Avison married Catherine Reynolds.
(Avison leaflet, St. John the Baptist Church, Newcastle, 2016)
1737년 1월 15일에 에이비슨은 캐서린 레이놀즈와 결혼했다.

위 예는 순서대로 부가어, 주어, 서술어, 보충어 4개의 부문으로 구성된 단순한 절이다. 가장 일반적으로 어조가 강조되는 지점은 마지막 부문이다. 이에 따르면 *Catherine Reynolds*가 초점 정보의 중심이 될 것이며, 첫 번째 부문인 부가어는 구정보가 된다. 하지만 추가적인 문맥적 정보가 없이 우리는 어디서 구정보가 끝나고 어디서 초점 정보가 시작되는지 알 수 없다. 우리는 이것을 다음과 같이 표현할 수 있다.

On 15th January 1737 Avison married Catherine Reynolds.
구정보   ← 초점 정보

이 '강조된다'는 것은 실현된 '음성'의 성질만을 의미하는 것이 아니라, 독자 혹은 청자가 구성한 심리적 실제로서의 '톤(어조)'을 포함한다는 것이다.

그러나 상황에 따라 화자는 다른 곳의 어조를 강조할 수 있다. 예를 들어 *married*의 어조(tone)를 강조할 수도 있다. 이는 화자가 "약혼하는 것"과 반대되는 혹은 대조되는 의미로서 *married*를 강조하고자 하는 맥락에서 적절할 것이다. 이 경우 *married*는 초점 정보로 기능하고, 다른 부문들은 구정보가 된다. 달리 말해, 청자는 이미 자신들이 1737년 1월 15일에 *Avison*과 *Catherine Reynold* 사이에서 일어난 어떤 일에 대해 이야기하고 있다는 것을 알고 있지만 구체적으로 그들 사이에 어떤 일이 벌어졌는지 모르고 있거나, 혹은 결혼이 아닌 다른 일이 벌어졌다고 착각하고 있었을 수 있다. 이것은 아래와 같이 분석될 수 있다.

On 15th January 1737 Avison	married	Catherine Reynolds.
구정보	초점 정보	구정보

다른 측면에서, 어조의 강조가 *Avison*에 오는 것도 가능하다. 이 경우는 화자가 *Catherine Reynolds*와 결혼한 사람이 다른 누군가가 아닌 *Avison*이었다는 것을 이야기하고 싶은 상황에서 적절할 것이다. 청자는 누군가가 1737년 1월 15일에 *Catherine Reynolds*와 결혼했다는 사실은 알고 있지만 그것이 누구인지를 알지 못하거나 다른 사람으로 생각했을 것이다. 이 경우는 아래와 같이 분석할 수 있다.

On 15th January 1737	Avison	married Catherine Reynolds.
구정보	초점 정보	구정보

여기서 더 나아가, 문장의 첫 번째 부문인 *On 15th January 1737*의 어조를 강조하는 가능성도 생각해 볼 수 있다. 이론적 가능성일 뿐, 그런 일은 없을 것 같지만, 실제로 그렇게 말하기도 하는데, 첫 번째 부문이 초점화되었을 때, 이것은 하나의 구별되는 어조 단위로 떨어져 나오게 되며, 따라서 해당 절은 두 개의 어조 단위로 분리된다.

On 15th January 1737 초점 정보	
Avison married	Catherine Reynolds.
구정보	초점 정보

여기서 다시 *Catherine Reynolds*가 초점화된 하나의 어조 단위를 가졌던 처음으로 돌아가 보자. 우리는 추가적인 정보 없이는 초점 단위에 얼마만큼의 어조 단위가 포함되어 있는지 알 수 없다고 말했었다. 만약 문맥적 정보를 통해 청자가 *Avison*이 1737년 1월 15일에 누군가와 결혼했다는 사실을 알고 있다는 사실은 알고 있지만 그게 누구인지를 모른다는 사실을 알게 된다면, 오직 *Catherine Reynolds*만이 초점 정보에 포함될 것이다.

On 15th January 1737 Avison married	Catherine Reynolds.
구정보	초점 정보

만약에 *Avison*이 1737년에 무엇을 했는가에 질문의 무게가 더 쏠린다면, *married Catherine Reynolds*가 초점 정보로 기능할 것이다.

On 15th January 1737 Avison	married Catherine Reynolds.
구정보	초점 정보

그리고 단순히 1737년에 무슨 일이 벌어졌는가를 묻는다면, 부가어를 제외한 모든 단위가 초점 정보에 포함될 것이다.

On 15th January 1737	Avison married Catherine Reynolds.
구정보	초점 정보

몇 가지 주요한 가능성을 다루었지만, 이게 전부는 아니다. 청자가 만약에 1747년에 그들이 결혼했다고 착각하고 있다고 상상해 보자. 이 경우 화

자는 오직 "30"의 어조를 강조할 것이다.

On 15th January 17 …	…3…	… 7 Avison married Catherine Reynolds.
구정보	초점 정보	구정보

더 확장된 사례 분석

다음은 케임브리지 대학교 세이트 존스 칼리지(St. John's College, Cambridge) 의 방문자 안내서(Visitor Guide)에서 발췌한 것이다.

Chapel Court is a mix of styles - the south range is Tudor, the west range Victorian, and the remainder built by Sir Edward Maufe in 1938-40. Part of the west range was transformed into a new College library in 1994. The arms above the archway in the centre of the north range are those of John Fisher, carved by the famous sculptor, Eric Gill.

채플 코트에는 여러 스타일이 섞여 있다 – 남쪽 부분은 튜더 왕가 시대의 것이, 서쪽 부분은 빅토리아 시대의 것이 섞였고, 그리고 나머지 부분은 1938년에서 40년 사이에 에드워드 마우페 경에 의해 지어졌다. 서쪽 부분의 일부는 1944년 새로운 대학 도서관으로 바뀌었다. 북쪽 중앙에 있는 아치형 입구 위의 조각은 존 피셔의 것으로, 유명한 조각가 에릭 길이 조각한 것이다.

아래는 나름의 읽기에 기반해 제안하는 분석이다. 하지만 문어 텍스트의 정보 구조는 독자에 의해 제공되는 것이기 때문에, 다른 사람들은 그들이 텍스트를 읽은 바에 따라 조금씩 다르게 분석할 수도 있다.

Chapel Court	is a mix of styles
구정보	초점 정보
the south range	is Tudor,
구정보	초점 정보

the west range	Victorian,
구정보	초점 정보
and the remainder	built by Sir Edward Maufe in 1938-40.
구정보	초점 정보
Part of the west range	was transformed into a new College library in 1994.
구정보	초점 정보
The arms above the archway	in the centre of the north range
구정보	초점 정보
are those	of John Fisher,
구정보	초점 정보
carved by	the famous sculptor,
구정보	초점 정보
Eric Gill.	
초점 정보	

　마지막 어조 단위를 통해 알 수 있듯, 하나의 어조 단위에 구정보가 존재하지 않는 것도 가능하다. 반면, 초점 정보가 없는 어조 단위는 존재하지 않는데 전체가 구정보인 어조 단위는 의미가 없기 때문이다.

5.4. 결속성: 지시

　"결속성(Cohesion)"은 텍스트의 다양한 부분들이 함께 연결되는 방식으로, 일련의 절들이 분리된 항목들로 나열되지 않고 하나의 통일된 텍스트 형태로 짜이는 성질을 의미한다. 결속성을 형성하는 가장 중요한 유형 중 하나는 "지시(reference)"이다. 텍스트 속에서 지시는 텍스트의 앞에서 이미 나온 무언가, 앞으로 나올 무언가, 혹은 텍스트 바깥 세계의 무언가를 가리킨다. 텍스트 내의 무언가를 지시하는 것을 "내적 조응(endophora)"이라고 하는데 이는 다시 텍스트의 앞 부분에 나왔던 것을 지칭하는 "전방 조응(anaphora)"

과 텍스트 뒤에 나올 것을 지시하는 "후방 조응(cataphora)"으로 나눌 수 있다. 텍스트 바깥 세계의 무언가를 지칭하는 것은 "외적 조응(exophora)"이라고 한다. 따라서 지시는 전방 조응, 후방 조응, 외적 조응으로 나뉜다. 다음의 예를 살펴보자.

> Yahya Jammeh, the former Gambian president, left the country last weekend after finally agreeing to cede power. He headed into exile with his family, ending a 22-year reign of fear and a post-election standoff that threatened to provoke a regional military intervention.
>
> (*Guardian Weekly*, 27 January - 2 February 2017)

야히아 자메 전 잠비아 대통령은 마침내 권력을 이양하기로 합의하고 지난 주말 나라를 떠났다. 그는 가족과 함께 망명길에 올라, 22년간의 공포 통치와 지역 군사 개입을 촉발할 위험이 있었던 선거 이후의 교착 상태를 종결시켰다.

두 번째 절의 *He*와 *His*라는 단어는 첫 번째 절의 *Yahya Jammeh*를 지시하므로, 두 단어 모두 전방 조응이다. 전방 조응은 앞을 향하는 화살표 ↖를 전방 조응 항목 위에 그려 표시할 수 있다.

> Yahya Jammeh, the former Gambian president, left the country last weekend after finally agreeing to cede power. **He** headed into exile with **his** family, ending a 22-year reign of fear and a post-election standoff that threatened to provoke a regional military intervention.

다음의 예는 약간 차이가 있다.

> In 1790, only 14 years after it had declared its independence, the United States of America passed its very first copyright act.
>
> (Cambridge Arts Theatre programme, 2016)

1790년, 미국은 독립을 선언한 지 불과 14년 만에 최초의 저작권법을 통과시켰다.

첫 번째 절의 *it*과 *its*의 의미는 이 절을 뒤따르는 절에 제시된 단어인 *the United States of America*이다. 이는 후방 조응의 한 예이며, 뒤를 향하는 화살표를 후방 조응 항목 위에 그려 표시할 수 있다.

In 1790, only 14 years after **it** had declared **its** independence, the United States of America passed its very first copyright act.

마지막으로, 다음의 예를 살펴보자.

When I started to earn my living at the Palace of Westminster, a time so long ago that Margaret Thatcher was in her pomp and some of you were not born, I did not even require a photopass to get on to the premises. (*Guardian Weekly*, 31 March - 6 April 2017)

내가 웨스트민스터 궁전에서 일하기 시작했을 때, 그러니까 마가렛 대처가 장관이었고, 여러분 중 몇몇은 태어나지 않았던 아주 오래 전에, 나는 구내에 들어가고자 할 때 사진이 있는 출입증을 요청받지 않았었습니다.

*The Palace of Westminster*는 건물로, 영국에 사는 신문 독자들이라면 이것을 영국 의회와 구별해서 인식할 수 있을 것으로 짐작된다. 실제로 선행하는 정관사는 독자들이 이것이 무엇인지를 이미 알고 있을 것임을 말해준다. 따라서 해당 항목은 텍스트 내부의 다른 부분이 아니라, 바깥 세계의 무언가를 가리키는 것이며, 이것이 외적 조응의 한 예이다. 위를 가리키는 화살표를 외적 조응 항목 위에 그려 표시한다.

When I started to earn my living at the **Palace of Westminster,** a time so long ago that Margaret Thatcher was in her pomp and some of you were not born, I did not even require a photopass to get on to the premises.

더 확장된 사례 분석

Perhaps you've seen them floating over a Russian village? Or perhaps you've seen her toppling forward, arms full of wild flowers, as he arches above her head and steals a kiss?

Meet Marc and Bella Chagall - The Flying Lovers of Vitebsk! Partners in life and on canvas, Marc and Bella are immortalised as the picture of romance. But whilst on canvas they flew, in life they walked through some of the most devastating times in history.

혹시 당신은 그들이 러시아 마을 위로 날아가는 것을 본 적이 있는가? 아니면 그가 그녀의 머리 위로 몸을 둥그렇게 기울이고 갑자기 키스했을 때, 그녀의 팔을 가득 채운 야생화가 앞으로 쏟아져 버리는 것을 본 적이 있는가?

마르크와 벨라 샤갈의 비테브스크의 하늘을 나는 연인들을 만나 보라. 그들은 삶 속에서 그리고 캔버스 위에서, 마르크와 벨라는 로맨스 그림처럼 불멸의 존재가 되었다. 하지만 그들이 캔버스 위에서 나는 동안, 그들은 삶에서 역사상 가장 파괴적인 시간들을 거쳤다.

다소 긴 이 예는 글로브 극장 프로그램(Globe Theatre programme, 2016)에서 가져온 것으로, 첫 번째 절의 *them*, 두 번째 절의 *her*, 세 번째 절의 *he*와 *her*는 후방 조응으로 *Marc and Bella Chagall*을 지시하며, 반면에 다섯 번째 절의 *Marc and Bella*와 여섯 번째 및 일곱 번째 절의 *they*는 동일한 부분을 지시하는 전방 조응이다.

Perhaps you've seen **them** floating over a Russian village? Or perhaps you've seen **her** toppling forward, arms full of wild flowers, as **he** arches above **her** head and steals a kiss? Meet Marc and Bella Chagall - The Flying Lovers of Vitebsk! Partners in life and on canvas, **Marc and Bella** are immortalised as the picture of romance. But whilst on canvas **they** flew, in life **they** walked through some of the most devastating times in history.

5.5. 결속성: 어휘 사슬

결속성의 또 다른 유형은 텍스트 안에서 동일 어휘가 반복될 때, 같은 의미의 단어들이 반복되어 사용될 때, 동일한 관념을 둘러싸고 있는 어휘군이 출현할 때 나타난다. 이것은 텍스트가 구축되는 과정에 따라 의미 사슬(chain)을 만들어, 텍스트를 하나의 단위로 연결한다.

이어지는 발췌문에서는 작곡가 *Avison*의 이름이 반복되면서 두 개의 절이 연결되고, 이는 텍스트의 결속성에 기여한다.

In 1752 **Avison**'s fame spread nation-wide with the publication of his celebrated *Essay of Musical Expression* - the first English work on musical criticism.

In it **Avison** discusses the contrast between sublime music and beautiful music, between the great, the elevating and the inspiring in contrast to the graceful, the elegant and the gentle and as to what is merely pleasing. (Avison leaflet, St. John the Baptist Church, Newcastle, 2016)

1752년, 에이비슨의 명성은 그의 유명한 저서 음악적 표현에 대한 에세이

(*Essay of Musical Expression*)의 출판과 함께 전국적으로 퍼져 나갔다 - 음악 비평에 관한 최초의 영국 작품.

그 책에서 에이비슨은 숭고한 음악과 아름다운 음악을 대조하였고, 위대하고 고상한 음악을 영감을 주는 음악과 대조하였으며, 우아하고 고상한, 부드러운 음악을 단지 즐거운 음악과 비교하는 논의를 펼쳤다.

아래의 예에서, 두 번째 절의 *The annual award*는 첫 번째 절의 *this year's Sustainability Art Prize*를 지시하는 것이 분명하다. 따라서 두 구는 사용된 단어는 다르지만 서로 연결되어 있다.

The winners of **this year's Sustainability Art Prize** were announced last Thursday at Anglia Ruskin University, with works in a range of mediums now on display.

The annual award, which is sponsored by the university's Cambridge School of Art and Global Sustainability Institute, was won by an anonymous MA student who works under the pseudonym Artists Activists.

(*Cambridge News*, 20 April 2016)

올해 지속가능한 예술상 수상자들은 지난 목요일 앵글리아 러스킨 대학에서 발표되었는데, 현재 다양한 매체의 작품들이 전시되어 있다.

이 연례 시상식은, 이 대학의 케임브리지 예술대학과 글로벌 지속가능성 연구소가 후원을 받은 것으로, 미술가 운동가라는 필명으로 활동하는 익명의 문학사 학생이 수상자가 되었다.

마지막으로, 다음의 발췌문에는 추운 겨울 기후와 관계되는 단어와 구가 연속적으로 나타난다: *ice-covered - winters - frozen - ice - frigid.* 이들이 완전히 똑같은 의미를 가지는 것은 아니지만 모두 매우 추운 날씨라는 개념과 관련되며, 따라서 텍스트를 전체적으로 관통하는 의미적 연결을 제공한다.

His hands tucked tightly in the pockets of his jeans, Gilbert Sark nodded at the **ice-covered** bay stretched out before him. Decades ago, his grandfather would spend **winters** driving people across the **frozen** water to Prince Edward Island. One day, the truck hit a patch of soft **ice**, sending it plunging into the **frigid** waters. His grandfather didn't make it out of the truck in time.   (*Guardian Weekly*, 27 January - 2 February 2017)

청바지 주머니에 두 손을 꽉 집어넣은 채 길버트 사크는 자기 앞에 펼쳐진 얼음으로 덮인 바닷가를 바라보며 고개를 끄덕였다. 수십 년 전, 그의 할아버지는 겨울 동안 언 물을 가로질러 사람들을 에드워드 왕자의 섬까지 태워다 주곤 했다. 어느 날, 그 트럭은 부드러운 얼음 조각에 부딪혔고, 그것은 차가운 물 속으로 곤두박질쳤다. 그의 할아버지는 제때 트럭에서 빠져나오지 못했다.

더 확장된 사례 분석

좀 더 긴 텍스트에서, 이러한 특성들은 텍스트를 하나로 연결시켜 통합된 전체를 형성하기 위해 사용될 수 있다. 다음은 케임브리지 크라이스트 칼리지(Christ's College, Cambridge)의 찰스 다윈(Charles Darwin) 동상을 소개하는 전단지에서 발췌한 것이다. 전단지의 날짜는 2009년으로 되어 있지만 2016년까지도 여전히 배포되고 있다.

The **iconic image of Charles Darwin** is of him in **old age** after long illness had taken its toll. This is understandable, **Darwin** became sufficiently famous for **portraits** to be required only **later in life**.

Yet the **Darwin** that Christ's College knew was happy, **youthful** and exuberant judged by all known reports. In an attempt to capture Darwin's probable **likeness** as a student (**aged 22**), the earliest **sketch** of **Darwin** as an **adult** (George Richmond's **sketch** when **Darwin** was **31**) was used as a reference point. This provided (along with **photographs** of the **older Darwin**) a structural frame for the shape of his face. A fuller head of **hair** was developed and shorter **sideburns** (instead of '**mutton-chops**'), but the main reference points: **eyebrows**, set of **eyes**, shape of **nose**, **mouth** and **chin** have been faithfully reproduced (allowing for **youth**).

찰스 다윈의 상징적인 이미지는 오랜 질병으로 인해 사망했던 노년의 모습이다. 다윈이 노년이 되어서야 초상화가 필요할 정도로 유명해진 것은 이해할 수 있는 일이다.

그러나 모든 알려진 보고에 따라 판단해 보면, 크라이스트 칼리지가 알고 있는 다윈은 행복하고, 젊으며, 활기가 넘쳤다. 다윈의 학생 시절(22세) 모습 이었을 수 있는 것과 유사성을 포착하기 위한 시도에서는 다윈이 성인이 되었을 때의 초기 스케치(다윈이 31살 일 때 조지 리치몬드가 그린 스케치)를 기준 점으로 삼았다. 이것은 (나이든 다윈의 사진과 함께) 그의 얼굴 모양을 구조 프 레임으로 제공했다. 머리는 머리숱이 많은 모습으로 만들어졌고, 구레나룻 이 짧아졌으나('넓게 기른 구레나룻' 대신), 주요 기준점인 눈썹, 눈, 코, 입, 광대 의 모양은 (어렸을 때 모습을 참고하여) 충실히 재현되었다.

이 발췌문에는 최소한 4개의 어휘 사슬이 존재한다. 그것은 그림과 관련 된 작업, 찰스 다윈, 나이, 신체적 특성이며 아래와 같이 분석될 수 있다.

iconic image ↓	Charles Darwin ↓	old age ↓	
	Darwin		
portraits	↓	later in life ↓	
	Darwin ↓	youthful ↓	
	Darwin's ↓		
likeness ↓		aged 22 ↓	face ↓
sketch ↓	Darwin ↓	adult ↓	hair ↓
sketch ↓		31 ↓	sideburns ↓
photographs		older ↓	'mutton-chops'
	Darwin		

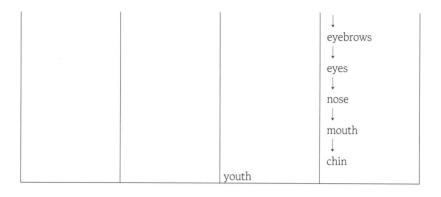

			↓ eyebrows ↓ eyes ↓ nose ↓ mouth ↓ chin
		youth	

이러한 어휘 사슬의 관점에서, 텍스트는 두 부분으로 나누어진다. 첫 번째는 세 개의 주요 사슬을 가지고 있다, 하나는 예술 형식과 관련된 것이고 (iconic image - portraits - likeness - sketch (twice) - photograph), 두 번째는 다윈과 관련된 것이며 세 번째는 그의 나이와 관련된 것(old age - later in life - youthful - aged 22 - adult - 31 - older)이다. 두 번째 부분은 기본적으로 하나의 꽤 긴 체인을 가지고 있는데 이것은 신체적 특징(face - hair - sideburns- 'mutton-chops' - eyebrows - eyes - nose - mouth - chin)과 관련되며, *youth*라는 단어와 함께 나이 사슬로 다시 돌아온다.

요약

• 주제 구조는 주제부와 설명부로 구성된다.
• 절은 하나의 필수적인 (화제적) 주제부를 가지는데, 이것은 텍스트적 주제부 혹은 대인적 주제부에 후행하여 나타나기도 한다.
• 주제의 전개는 주제부가 텍스트 전반에 걸쳐 전개되는 방식이다.
• 일관형 전개는 해당 절의 주제부가 선행절의 주제부로부터 이끌어질 때 나타난다.
• 선형 전개는 해당 절의 주제부가 선행절의 설명부로부터 이끌어질 때 나타난다.

- 정보 구조는 어조 단위를 기본 단위로 가진다. 어조 단위는 절이 아니다. 어조 단위는 구정보와 초점 정보로 나뉜다.
- 결속성은 지시와 같은 특성을 통해 텍스트가 연결되는 방법이다.
- 어휘 사슬은 같거나 유사한 의미를 가진 단어들의 집합으로 텍스트가 함께 연결되도록 한다.

활동 및 연습

1. 다음 절들은 2015 럭비 월드컵(Rugby World Cup 2015)을 위해 만들어진 뉴캐슬케이츠헤드(NewcastleGateshead) 전단지에서 발췌한 것이다. 각 절의 주제 구조를 분석해 보자.

   a. During your trip discover all that North East England has to offer.
   여행을 통해 잉글랜드 북동부가 주는 모든 것을 탐험해 보세요.

   b. Enjoy the landscape, coast, heritage, history, architecture and gardens of the North East.
   북동부의 풍경, 해변, 유물, 역사, 건축물, 정원을 즐겨 보세요.

   c. Explore our diverse natural history.
   풍부한 자연사를 탐험하세요.

   d. No trip is complete without visiting the Angel of the North.
   어떤 여행도 북쪽의 엔젤을 방문하지 않는다면 완벽하다고 할 수 없을 거예요.

   e. So, we've built a mini pitch in the city.
   그래서, 저희는 시내에 작은 경기장을 세웠습니다.

   f. The best way to get into and around town is by public transport or the Park and Ride schemes operating on match days.
   시내로 가서 돌아다니는 가장 좋은 방법은 대중교통이나 경기일에 운영되는 파크 앤 라이드를 이용하는 것입니다.

   g. The medieval city of Durham is just south of Newcastle.
   중세 도시 더럼은 뉴캐슬의 남쪽으로 가면 바로 있습니다.

h. With nine days of events, sports fans will have plenty of chances to engage with the city's artistic culture as well as a unique sporting experience.

9일간의 이벤트와 함께, 스포츠 팬들은 독특한 스포츠 체험뿐만 아니라 도시의 예술 문화에 함께 참여할 수 있는 많은 기회를 가질 수 있습니다.

2. 가디언 위클리(*Guardian Weekly*, 2018년 1월 19-25일)에서 가져온 다음의 발췌문의 주제 구조를 분석해 보자.

   a. Won't the trees take up valuable land and risk reducing your productivity and your income?

   나무가 귀중한 땅을 차지하여 생산성과 수입을 떨어뜨릴 위험이 있지 않겠는가?

   b. Will he act on his occasional impulses to make the grand gesture and go there to find her?

   그는 이따금 일어나는 커다란 진전을 이루고 싶은 충동에 따라, 그녀를 찾기 위해 그곳으로 향하겠는가?

   c. But, as with most stories in modern music, the biggest catalyst for change has come from the internet.

   그러나 현대 음악의 대부분 이야기와 마찬가지로 변화의 가장 큰 촉매제는 인터넷에서 왔다.

   d. Perhaps the most exciting was gqom, a mesmerizingly intense and deliriously psychotropic sound invented in the townships of Durban by young South Africans using cracked software, initially circulated as MP3s via Blackberry Messenger and popularised by minibus-taxi drivers blasting the tunes as they plied their routes.

   아마도 가장 흥미로웠던 것은 곰(gqom)으로, 곰은 남아프리카 더반 지역에서 크래크드 소프트웨어를 사용하여 발명된 매혹적인 강렬하고, 여러 가지 소리가 섞인, 신나는 사운드이다. 이 사운드는 처음에 블랙베리 메신저를 통해 MP3로 유통되었고 미니 버스 택시 운전자들이 버스 운행 중에 이 곡들을 틀면서 인기를 끌었다.

e. No doubt the prime minister notes that the crisis has not yet catapulted Labour ahead in the polls.

의심할 여지 없이 총리는 여론조사가 아직 노동당에 비해 우세하지 않다는 위기를 인식하고 있다.

f. However, Sherpa accepts that one issue disadvantages Nepalese visitors before they even set foot in the mountains.

그러나 셰르파는 네팔 방문객들이 산에 발을 들여놓기도 전에 그들에게 불리하게 작용하는 한 가지 문제가 있음을 인정한다.

3. 케임브리지 크라이스트 칼리지(Christ's College, Cambridge)에 있는 찰스 다윈 조각상 공원(The Charles Darwin Sculpture Garden)의 전단지(2016년)에서 발췌한 다음 글의 위계절에 나타나는 주제 구조와 주제의 전개를 분석해 보자.

Charles Darwin was proposed as Fitzroy's companion not because he was perfectly qualified for the position as naturalist, but because, as Professor Henslow had seen, he had the enthusiasm, skills, intellectual curiosity and *potential* to make the most of such a wonderful opportunity.

Darwin's adventures were written up in 1839 as a "Journal of Researches" - later re-titled "Voyage of the *Beagle*" - and offer a vivid personal account of the places visited, and his impression of foreign lands and peoples.

The iconic image of Charles Darwin is of him in old age after long illness had taken its toll. This is understandable, Darwin became sufficiently famous for portraits to be required only later in life.

찰스 다윈이 피츠로이의 동료로 알려진 것은 그가 자연주의자로서 그 자리에 완벽하게 적합했을 뿐만 아니라, 헨슬로우 교수가 보기에, 그가 그 훌륭한 기회를 최대한 활용할 열정, 기술, 지적 호기심과 잠재력을 가지고 있었기 때문이다.

다윈의 탐험은 1839년에 "연구 일지"라는 제목으로 - 이후 비글호 항해기로 제목이 바뀌었음 - 실렸는데, 그가 방문한 장소들과 그가 외국의 땅과 사람들에게서 느낀 인상이 생생하게 묘사되었다.

찰스 다윈의 상징적인 이미지는 오랜 질병으로 인해 사망했던 노년의 모습이다. 다윈이 노년이 되어서야 초상화가 필요할 정도로 유명해진 것은 이해할 수 있는 일이다.

4. 다음 발췌문은 출판사의 홍보 전단지(2016년)에서 가져온 것이다. 위계절에 나타나는 주제 구조와 주제 전개를 분석해 보자.

This volume represents the first collection of empirical studies focusing on peer interaction for L2 learning. These studies aim to unveil the impact of mediating variables such as task type, mode of interaction, and social relationships on learners' interactional behaviours and language development in this unique and pedagogically powerful learning context. To examine these issues, contributors employed quantitative, qualitative, and mixed-methods designs as well as cognitive, social, and sociocognitive theoretical frameworks.

이 책은 L2 학습에서 학습자 간 상호작용에 초점을 맞춘 첫 번째 실증 연구를 모은 것이다. 이 연구는 고유성이 있으며, 교육학적으로 의미 있는 학습 맥락에서의 학습자 상호작용 행위 및 언어 발달에 대하여 과제 유형, 상호작용의 모드, 사회적 관계와 같은 매개 변수의 영향을 밝히는 것을 목표로 한다. 이러한 문제를 조사하기 위해 기여자들은 양적, 질적 및 혼합 방법 설계뿐만 아니라 인지, 사회 및 사회인지적 이론의 틀을 사용했다.

5. 다음 발췌문은 케임브리지 트리니티 칼리지(Trinity College, Cambridge)의 전단지(2016년)에서 가져온 것이다. 위계절의 주제 구조와 주제 전개를 분석해 보자.

Our tour begins at the Great Gate (no. 1 on the map) which was mostly completed in the 1530s, as part of the King's Hall. The two main wooden gates date from 1532. On the east (outside) face of this gate, looking over the cobbles, you will have seen a statue of the College's founder King Henry VIII, originally set up long after his death, in 1615. His sceptre was replaced many years ago by a chairleg, in an undergraduate prank.

Beneath are the arms of King Edward III (benefactor of King's Hall) and his sons.

우리의 투어는 1530년대에 대부분 완공된 킹스 홀의 대문(지도에서 1번)에서 시작됩니다. 두 개의 주요 나무 문은 1532년에 세워졌습니다. 이 문의 동쪽(바깥쪽)을 향해서 자갈 위를 바라보면, 이 대학의 설립자인 헨리 8세의 동상이 보이는데, 이 동상은 그가 1615년에 세상을 떠나고 시간이 꽤 지나서 세워진 것입니다. 수년 전에는 학부생들의 장난으로 그의 지팡이가 의자 다리로 바뀐 적도 있었습니다. 동상 아래에는 에드워드 3세(킹스 홀의 후원자)와 그의 아들들의 문장(紋章)이 새겨져 있습니다.

6. 관광 소책자를 가져와, 맨 앞에 쓰인 6개 위계절을 대상으로 그것의 주제 구조와 주제 전개를 분석해 보자.

7. 대영 박물관 지도(The British Museum Map, 2016)에서 가져온 다음의 발췌문에 나타난 정보 구조의 분석을 제안해 보자.

If you're short of time, visit the objects marked on the map section on the other side of this leaflet to experience some of the highlights of the magnificent permanent collection. Start upstairs with the Lewis Chessmen ...

If you have longer to spend, visit one or more of the special temporary exhibitions, or take one of the Museum's tours, talks and guides (details on the right).

시간이 부족할 경우 이 소책자의 다른 페이지의 지도 섹션에 표시된 목적지들을 방문하시면 장엄한 불변의 컬렉션의 하이라이트를 경험하실 수 있습니다. 루이스 체스맨의 위층에서 출발해 보세요.

시간의 여유가 있다면, 특별 임시 전시를 하나 이상 방문하거나 박물관의 투어, 토크 및 가이드(세부 정보는 오른쪽) 중 하나를 이용해 보세요.

8. 가디언 위클리(Guardian Weekly, 2018년 1월 19-25일자)에서 가져온 다음 발췌문에 나타난 지시를 분석해 보자.

Walt Disney could not deal with funerals. Where possible, he avoided attending them. The whole subject of mortality appalled him. Before he died in 1966, he would tell his daughter Diane he wanted no funeral at all. He should, he insisted, be remembered only as he had been in life.

월트 디즈니는 장례식에 참석하지 않았다. 그는 가능한 한 참석을 피했다. 죽음과 관련된 모든 주제는 그의 간담을 서늘하게 만들었다. 1966년, 세상을 떠나기 전에 그는 자신의 딸 다이앤에게 절대 장례식을 치르지 말라고 말했다. 그는 자신이 생전의 모습으로만 기억되기를 원한다고 말했다.

9. 가디언 위클리(*Guardian Weekly*, 2018년 1월 19-25일자) 기사의 첫 번째 문단을 발췌한 아래 글에 나타난 어휘 연쇄를 분석해 보자.

Europe's Americanisation is ongoing. That may well sound paradoxical. So many transatlantic gaps have appeared in the age of Trump. This American president repels many Europeans, and in unprecedented ways. Many on the old continent seek solace in the contrast: perhaps Europe's hour could be on the horizon? But it's striking how European debates on issues such as racism and feminism are now so strongly influenced by movements across the Atlantic. In the realm of ideas and campaigning, Europe and the US are drawing closer not sliding further apart.

유럽의 미국화가 진행되고 있다. 이 사실은 역설적이게 들릴 수 있다. 트럼프 시대에는 대서양을 가로지르는 많은 틈이 발생했다. 이 미국 대통령은 예측 불가능한 방법으로 많은 유럽인들을 쫓아낸다. 구대륙의 많은 사람들은 오히려 이를 위안으로 삼고 있다: 아마도 곧 유럽의 시대가 올 수 있지 않을까? 하지만 인종차별과 페미니즘과 같은 문제들에 대한 유럽의 논쟁이 대서양을 가로지르는 운동에서 받는 강력한 영향력은 아주 놀랍다. 아이디어와 캠페인의 영역에서 유럽과 미국은 더 이상 멀어지고 있는 것이 아니라, 더 가까워지고 있다.

10. 주요 일간 신문의 기사나 보고서의 첫 문단을 가져와 그 안에 나타난 지시와 어휘 사슬을 분석해 보자.

활동 및 연습 풀이

1. a

During your trip	discover all that North East England has to offer.
주제부: 화제적	설명부

b

Enjoy	the landscape, coast, heritage, history, architecture and gardens of the North East.
주제부: 화제적	설명부

c

Explore	our diverse natural history.
주제부: 화제적	설명부

d

No trip	is complete without visiting the Angel of the North.
주제부: 화제적	설명부

e

So,	we-	-'ve built a mini pitch in the city.
주제부: 텍스트적	주제부: 화제적	설명부

f

The best way to get into and around town	is by public transport or the Park and Ride schemes operating on match days.
주제부: 화제적	설명부

g

The medieval city of Durham	is just south of Newcastle.
주제부: 화제적	설명부

h

With nine days of events,	sports fans will have plenty of chances to engage with the city's artistic culture as well as a unique sporting experience.
주제부: 화제적	설명부

2. a

Won't	the trees	take up valuable land and risk reducing your productivity and your income?
주제부: 대인적	주제부: 화제적	설명부

Will	he	act on his occasional impulses to make the grand gesture and go there to find her?
주제부: 대인적	주제부: 화제적	설명부

c

But,	as with most stories in modern music,	the biggest catalyst for change has come from the internet.
주제부: 텍스트적	주제부: 화제적	설명부

d

Perhaps	the most exciting	was gqom, a mesmerizingly intense and deliriously psychotropic sound invented in the townships of Durban by young South Africans using cracked software, initially circulated as MP3s via Blackberry Messenger and popularised by minibus-taxi drivers blasting the tunes as they plied their routes.
주제부: 대인적	주제부: 화제적	설명부

e

No doubt	the prime minister	notes	that		the crisis	has not yet catapulted Labour ahead in the polls.
주제부: 대인적	주제부: 화제적	설명부				
			주제부: 텍스트적	주제부: 화제적	설명부	

f

however,	Sherpa	accepts	that	one issue	disadvantages Nepalese visitors	before	they	even set foot in the mountains.
주제부: 대인적	주제부: 화제적	설명부						
			주제부: 텍스트적	주제부: 화제적	설명부			
						주제부: 텍스트적	주제부: 화제적	설명부

3.

주제부1 → 설명부1	Charles Darwin	was proposed as Fitzroy's companion not because he was perfectly qualified for the position as naturalist, but because, as Professor Henslow had seen, he had the enthusiasm, skills, intellectual curiosity and *potential* to make the most of such a wonderful opportunity.
↓ 주제부2 → 설명부2	Darwin's adventures	were written up in 1839 as a "Journal of Researches" -later re-titled "Voyage of the *Beagle*" - and offer a vivid personal account of the places visited, and his impression of foreign lands and peoples.
↓ 주제부3 → 설명부3	The iconic image of Charles Darwin	is of him in old age after long illness had taken its toll.
↓ 주제부4 → 설명부4	This	is understandable, ⋯
↓ 주제부5 → 설명부5	⋯ Darwin	became sufficiently famous for portraits to be required only later in life.

4.

주제부1 → 설명부1	This volume	represents the first collection of empirical studies focusing on peer interaction for L2 learning.
↗ 주제부2 → 설명부2	These studies	aim to unveil the impact of mediating variables such as task type, mode of interaction, and social relationships on learners' interactional behaviours and language development in this unique and pedagogically powerful learning context.
↗ 주제부3 → 설명부3	To examine these issues,	contributors employed quantitative, qualitative, and mixed-methods designs as well as cognitive, social, and sociocognitive theoretical frameworks.

5.

주제부1 → 설명부1	Our tour	begins at the Great Gate (no. 1 on the map) which was mostly completed in the 1530s, as part of the King's Hall.
↙ 주제부2 → 설명부2	The two main wooden gates	date from 1532.
↓ 주제부3 → 설명부3	On the east (outside) face of this gate,	looking over the cobbles, you will have seen a statue of the College's founder King Henry VIII, originally set up long after his death, in 1615.
↙ 주제부4 → 설명부4	His sceptre	was replaced many years ago by a chairleg, in an undergraduate prank.
↙ 주제부5 → 설명부5	Beneath	are the arms of King Edward III (benefactor of King's Hall) and his sons.

6.

If you're	short of time,
구정보	초점 정보

visit	the objects marked on the map section
구정보	초점 정보

on the other side of this leaflet
초점 정보

to experience	some of the highlights of the magnificent permanent collection.
구정보	초점 정보

Start	upstairs with the Lewis Chessmen ...
구정보	초점 정보

If you have longer to spend,	visit one or more of the special temporary exhibitions,
구정보	초점 정보

or take	one of the Museum's tours, talks and guides
구정보	초점 정보

(details	on the right).
구정보	초점 정보

7.

Walt Disney could not deal with funerals. Where possible, **he** avoided attending **them**. The whole subject of mortality appalled **him**. Before **he** died in 1966, **he** would tell **his** daughter Diane **he** wanted no funeral at all. **He** should, **he** insisted, be remembered only as **he** had been in life.

8.

Europe's	Americanisation	gpas	Trump
↓	↓	↓	↓
		repels	This American president
		↓	
Europeans			
↓			
the old continet		cntrast	
↓		↓	
Euroup's hour			
↓			
European		debates	
↓		↓	
	across the Atlantic		
	↓		
Europe	the US	futher apart	

대인적 대기능 확장하기

최근 몇 년 동안 대인적 대기능은 "평가어(Appraisal)"라는 개념을 필두로 광범위하게 확장되었다. 어떤 사람들은 이를 "평가어 이론(appraisal theory)" 이라 부르지만, 처음 이 개념을 제안한 사람이 이야기한바, 평가는 별개의 이론이 아닌 체계기능언어학의 연장이다.16) 평가어는 화자가 텍스트에 나타낸 주관적인 존재로서의 흔적을 확인하려는 시도로, "태도(attitude)", "개입(engagement)", "강도(graduation)"라는 세 가지 기본 체계에 의해서 분석된다.17)

6.1. 태도

태도는 화자의 느낌(feelings) 그리고 화자의 감정이 텍스트에 어떻게 표현되는지를 다룬다. 이것은 다시 "정서(affect)", "판단(judgement)", "품평

---

16) [역주] 평가어 이론은 Martin & White(2005)에서 집대성되었다. 김해연(2016)은 Martin & White(2005)에 대한 서평으로, 평가어 이론의 개괄을 이해하는 데에 좋은 참조가 된다. 그 외에 마승혜(2014), 우경조(2018), 정인호(2022)는 번역학 분야에서 평가어 이론을 활용한 박사학위논문으로 평가어 이론의 실제적 적용을 살피기에 좋다.

17) [역주] 평가어 이론은 번역학 분야뿐 아니라 국어학, 국어교육학, 한국어교육학 등의 분야에서도 널리 응용되고 있다. 특히 세 가지 주요 범주 중 '개입'에 대한 연구가 가장 활발한데 예를 들어 한국어교육학 분야의 박사학위논문인 맹강(2018)은 평가어 이론 중 개입을 중심으로 논증적 글쓰기 교육에 대해 다루었다.

(appreciation)"으로 나뉠 수 있다.18)

정서(affect)는 감정(emotion)이 텍스트에 어떻게 표현되는지를 다룬다. 즉, 우리를 둘러싸고 있는 사람, 사물, 사건에 대한 느낌(feelings)을 다룬다. 이때의 느낌은 긍정적일 수도 있고 부정적일 수도 있다. 아래의 발췌문이 그 예이다.

I started watching with a huge amount of **trepidation** in my heart. But by the end of the episode, where almost every single cast member gets a close-up of them looking away suspiciously, just in case they turn out to be the mole, I was **all but punching the air with delight.**

(Guardian Weekly, 27 January - 2 February 2017)

나는 마음속으로 엄청난 불안감을 느끼며 영상을 보기 시작했다. 하지만 거의 모든 출연자들이 의심스럽게 어딘가를 바라보는 모습이 클로즈업되며 에피소드가 끝났을 때, 나는 그들이 모두 스파이인 것이 아닐까 생각하며, 너무 재미있어서 허공에 주먹질을 해댔다.

정서에는 행복, 안정, 충족 같은 것들이 포함된다. 위의 예에서 정서는 *trepidation*과 *all but punching the air with delight* 사이의 대조로 표현되면서 두려움에서 높은 충족으로 바뀌는 화자의 느낌 변화를 보여 준다.

판단(judgement)은 화자가 사람들 그리고 사람들의 행동에 대한 태도를 표현하는 방식을 다룬다 - 존경과 비판, 비난, 칭찬 등이 여기에 포함된다.

---

18) [역주] 태도의 하위 범주인 'affect, judgement, appreciation'는 국내 연구들에서 다양하게 번역되고 있는데 가장 흔히 선택된 번역어는 각각 '감정, 판단, (가치)평가'이다. 별도로 개념의 의미를 잘 살린 이창수(2009)의 '감정평가, 행위평가, 사물평가'라는 번역어 역시 주요하게 참고된다. 다만, 본서에서는 이 세 가지 항목의 직접적인 상위 범주가 '태도'인 점을 감안해 'ㅇㅇ평가'라는 번역어 대신 태도의 구인이 될 수 있을 법한 번역어를 선택하였다. 이때, 기존 연구들에서 'affect'의 번역어로 '감정'을 많이 선택한 것에 대해 본서의 기술에 맞춰 'emotion'(감정)과 'feelings'(느낌)를 아우를 수 있도록 '정서'라는 번역어를 선택했다. 또 'appreciation' 역시 평가어 이론의 하위 개념으로 '평가'가 있는 것이 다소 어색할 수 있음을 고려해 '품평'이라는 번역어를 선택했다.

The **ruthless** drive by Recep Tayyip Erdoğan, Turkey's **pugnacious** president, to expand his already considerable executive powers knows no bounds. (*Guardian Weekly*, 24-30 March 2017)

이미 막강한 행정부의 권력을 확장하기 위한, 호전적인 터키 대통령 에르도안의 무지막지한 추진력은 한계를 모른다.

이 발췌문에서 *ruthless*이나 *pugnacious*와 같은 단어들은 가디언지 독자들에게 터키 대통령의 독재적 성향을 비판하고 심지어 비난하는 부정적인 판단으로 읽힐 것이다.

품평(appreciation)은 화자가 사물을 평가하는 방식에 관한 것이다.

The Laing Art Gallery shop is packed full of **fantastic** gift ideas inspired by the Gallery collection. The range includes jewellery, glassware and ceramics. Also, if you're interested in finding out more about your favourite artist, you can choose from an **impressive** range of quality books. (Tyne & Wear Archives & Museums booklet, 2016)

랭 아트 갤러리의 상점은 갤러리의 전시에서 아이디어를 얻은 환상적인 선물들로 가득 차 있다. 보석류, 유리 제품, 도자기류 등이 있다. 좋아하는 예술가에 대해 더 많이 알고 싶은 이들을 위해 인상적인 양질의 도서 또한 다양하게 구비되어 있다.

광고 목적의 글이기는 하나, 위 발췌문에서 *fantastic*과 *impressive*라는 단어들은 대표적인 품평의 예이다.

이 세 가지 기능(정서, 판단, 품평)의 각각은 더 섬세한 기능으로 세분될 수 있다. 예를 들어, 정서는 긍정적인 정서와 부정적인 정서를 모두 나타내며, 행복(happiness), 안정(security), 충족(satisfaction) 또는 의향(inclination)과 같은 것들을 표현한다. 위에서 정서의 예로 보인 텍스트에서는 부정적인 충족(*trepidation*)이 매우 강한 긍정적인 충족(*all but punching the air with delight*)으로 바뀌었다. 다음의 발췌문은 또한 긍정적인 정서와 부정적인 정서 모두에 대한 예를 제공한다.

> I was **sad** to hear that Frank Hahn had died. He and I were colleagues on and off at Cambridge from the early 1960s. We had **many clashes**(and three semi-public debates about approaches to economic analysis), he thought me a bit of a dill (Oz for thick), but I was **fond** of him and had great respect for him as an important intellectual influence on the Cambridge Faculty and beyond. (*Churchill Review*, 50, 2013)

프랭크 한이 죽었다는 소식을 듣고 나는 슬펐다. 1960년대 초반부터 그와 나는 케임브리지에서 이따금 동료로 지냈다. 우리는 많이 부딪혔었고(그리고 경제 분석의 방식에 대한 세 번의 준-공식적인 토론도 하였다), 그는 나를 바보(오스트레일리아의 얼간이)라고 생각하곤 했지만, 나는 그를 좋아했고, 그가 케임브리지 대학과 케임브리지 대학 외부에 미친 지적 영향력을 진심으로 존경했다.

불행을 표현하는 부정적인 정서는 *sad*와 *many clashes*에서 나타나며, 이는 그 다음에 오는 *fond*의 긍정적인 정서와 대조된다.

판단은 사회적 존중(esteem)과 사회적 제재(sanction)의 관점에서 볼 수 있는데, 각각의 판단은 긍정적이거나 부정적일 수 있다. 사회적 존중과 사회적 제재의 표현은 다음의 발췌문에서 잘 나타난다.

> The Tories **have always neglected** the arts, seeing them as an easy target for cuts. They **do not understand** the role that culture can play in the lives of individuals, in the futures of our towns and cities, and in the prosperity of our country. The choice is **forward** with new Labour to **more sport** in schools, **arts for all** children and young people, and **continued investment** in culture. Or back to the Tories and **cuts of £207 million** across culture, arts and sport. (Labour Party Manifesto, 2005)

토리당은 예술을 항상 소홀히 여기며 쉽게 예산 삭감의 대상으로 삼고는 하였다. 그들은 개인의 삶, 우리의 마을과 도시의 미래, 그리고 우리나라의 번영에 대한 문화의 역할을 납득하지 못한다. 새로운 노동당의 선택은 학교에서의 더 많은 스포츠, 모든 어린이와 청소년 모두를 위한 예술, 그리고 문화에 대한 지속적인 투자로 나아간다. 그렇지 않으면 토리당의 뜻대로 문화, 예술, 스포츠 전반에 걸쳐 2억 7백만 파운드가 삭감될 것이다.

누구나 예상할 수 있듯, 노동당 성명서는 *have always neglected, do not understand, cuts of £207 million*이라는 표현을 통해서 보수당(토리당)에 대한 사회적 제재를 표현하며, 반대로 *more sport, arts for all, continued investment*를 통해서 노동당에 대한 사회적 존중을 표현한다.

품평 또한 긍정과 부정의 관점이 모두 나타난다. 다음은 홍보 자료의 특성상 긍정적인 품평의 예가 많은 반면 부정적인 품평은 없다.

While you're staying at Wookey Hole you're **perfectly placed** to experience the **wonder** of Somerset, a county of contrasts which offers **everything you need** for day trips and excursions. City, coastline, countryside, scenery, shopping, history, heritage - take your pick. It's all around you. The medieval **majesty** of Wells, England's smallest city. **Mystical** Glastonbury, of ancient Christian and Arthurian legend. **Even more** caves, cliffs and wildlife at Cheddar Gorge. **Windswept** walking and **spectacular views** in the Mendip Hills Area of Outstanding Natural Beauty. The **bustling nightlife** of Weston-super-Mare, with its popular Grand Pier and **safe** sandy beaches. **Top quality** shopping at Clarks Village and Kilver Court, Bath, founded by the Romans and beloved of Jane Austen, and Bristol, famed for Brunel's finest achievements and for **vibrant nightlife**.

(Wookey Hole tourist leaflet, 2016)

우키홀에 머무는 동안, 당신은 경이로운 관경을 가진 동시에 당일 여행이나 장기 여행에 필요한 모든 것을 갖추고 있는 서머싯 카운티를 경험할 수 있는 완벽한 장소에 있는 것입니다. 도시, 해안가, 시골, 경관, 쇼핑, 역사, 유산 가운데 당신이 원하는 것을 고르세요. 모든 것이 당신의 주변에 있습니다. 영국에서 가장 작은 도시인 중세 웰스의 장엄함. 기독교와 아서교의 전설인 신비의 글래스턴베리. 체다 협곡의 많은 동굴, 절벽, 야생동물. 특별 자연 미관 지역인 멘디프 구릉에서 강력한 바람과, 경이로운 장관을 보며 걷기. 유명한 그랜드 피어와 안전한 모래 해변이 있는 웨스턴-슈퍼-마레의 활기찬 야간의 즐길 거리. 클락스 빌리지와 킬버 코트에서의 최고 품질의 쇼핑. 로마인들에 의해 세워졌고 제인 오스틴의 사랑을 받은 바스. 브루넬의 가장 훌륭한 업적이자 활기찬 야간의 즐길 거리로 유명한 브리스톨.

모든 독자가 위 글에 나타난 수많은 긍정적인 품평의 표지들을 어려움 없이 찾을 수 있을 것이다. 거기에는 아마도 *perfectly placed, wonder, everything you need, majesty, mystical, even more, spectacular views, bustling nightlife, safe, top quality, vibrant nightlife*가 포함될 것이다. 이런 맥락에서라면 *windswept*조차도 아마 긍정적인 품평으로 해석할 수 있을 것이다.

"기재된(inscribed)" 혹은 명시적인 표현과 "환기된(invoked)" 혹은 암시적인 표현을 구분하는 것과 같이, 보다 다양한 방식으로 정밀하고 섬세하게 구별하는 것 또한 가능할 것이다. 위의 예에서는 개념을 명확하게 보이기 위해 기재된(명시적인) 표현만을 보였다. 결론적으로 지금까지 살핀 것들이 텍스트를 분석할 때 꺼내어 쓸 수 있는 강력한 도구가 담긴 체계의 무기고가 되기를 바란다.

더 확장된 사례 분석

다음은 가디언 위클리(*Guardian Weekly*, 2017년 1월 6-12일)에서 발췌한 것으로, 리우 올림픽 5종 경기에서 금메달을 딴 호주 선수에 대한 것이다.

On the face of it, the situation does appear **baffling**. Here is a **supremely talented** athlete, **skilled not just in one** sport, but the five different disciplines that make up modern pentathlon - fencing, swimming, show jumping, pistol shooting and cross-country running. She **won gold** at the Rio Games, **thrillingly so** in the run and shoot, coming from a way behind to clinch victory in a **stirring finale** to the competition. In doing so, she marked herself out as one of the best, if not t**he best**, woman in the world in her sport.

Esposito is just 25 but talks with a **maturity** that belies her age. That said, an **infectious enthusiasm** still shines through and it's **not difficult** to see why she has become an **inspiration** to many girls and young women in sport. And then there is the **omnipresent smile** - the kind of smile a marketeer dreams about.

이는 언뜻 이해할 수 없는 상황이다. 현대 5종 경기에 해당하는 다섯 가지 분야인 펜싱, 수영, 장애물 뛰어넘기, 권총 사격, 크로스컨트리 달리기 가운데 여러 운동에 능숙한, 놀라운 재능을 가진 선수가 여기에 있다. 그녀는 대회에서 한참 뒤의 순위에서 시작해 결정적인 승리를 거두며 격정의 피날레에 당도했으며, 리우데자네이루 올림픽에서 소름 돋게도 달리기, 그리고 사격에서 금메달을 땄다. 이로써 그녀는 스포츠에서 자신을 세계 최고로, 혹은 세계 최고까지는 아니더라도, 자신을 최고 중 한 명으로 각인시켰다.

에스포지토는 겨우 25살이지만 나이답지 않은 성숙한 태도를 보여 준다. 그 열정의 영향력은 여전히 빛을 발하고 있으며, 그녀가 어떻게 여러 스포츠를 하는 소녀들과 젊은 여성들에게 영감이 되었는지 이해하는 것은 어렵지 않다. 그리고 그녀는 언제나 미소 짓고 있으며, 그것은 말 그대로 시장이 열망해 마지않는 미소이다.

태도를 보여 주는 주요 표지에 대한 다음의 분석에는, 상당한 수의 품평이 나타나는데, 모두 긍정적인 것이다. 그리고 판단도 여러 개 나타나는데, 모두 사회적 존중의 관점을 가진다. 정서의 지표는 상대적으로 적게 나타나는데, 시작은 부정적인 정서의 표현으로 나오나 끝에 가서는 긍정적인 정서로 바뀐다.

항목	정서	판단	품평
이해할 수 없는 baffling	부정적		
놀라운 재능 supremely talented		존중	
여러 운동에 능숙한 skilled not just in one			긍정적
금메달을 땄다 won gold			긍정적
소름 돋게도 thrillingly so			긍정적
격정의 피날레 stirring finale			긍정적
세계 최고 the best		존중	
성숙함 maturity		존중	
열정의 영향력 infectious enthusiasm			긍정적
어렵지 않다 not difficult	긍정적		
영감 inspiration		존중	
언제나 미소 짓고 있으며 omnipresent smile			긍정적

6.2. 개입

개입(engagement) 기능과 관련하여, 화자는 자신의 입장으로 수용한 명제를 단순히 내세우기만 할 수도 있고, 해당 입장을 가능한 다른 관점과의 관련 속에서 표현할 수도 있다. 전자에서 화자는 단도직입적으로 자신의 의견이 무엇인지를 서술하며, 이를 "단일 어성(monoglossic)"이라고 한다. 후자에서 화자는 다른 이의 관점을 고려 대상으로 내세우며, 이를 "다중 어성(heteroglossic)"이라고 부른다.19) 다중 어성의 개입은 다시 "부인하기(disclaiming)", "선언하기(proclaiming)", "포용하기(entertaining)", "귀속하기(attributing)"로 나누어 볼 수 있다.

다음과 같이 단순하고 꾸밈이 없는 일련의 진술들은 단일 어성적 개입의

---

19) [역주] 개입의 하위 범주 'monoglossic, heteroglossic' 역시 '단독성, 이어성'(김해연, 2016), '독백적, 다성적'(박진희·주세형, 2020) 등으로 다양하게 번역되어 왔다. 본서에서는 이들이 공통적으로 '어성(語聲, voice)'의 개념을 주요하게 내세우는 점과 더불어 'mono-'와 'hetero-'의 의미를 살리는 점을 고려해 '단일 어성'과 '다중 어성'으로 번역했다. 신희성(2019) 역시 같은 번역어를 선택한 바 있다.

예에 해당한다.

> UK State Pension, Widow's Benefits and Bereavement Benefits can be paid to you anywhere in the world.
>
> (Department for Works & Pensions leaflet, CFN701, 2017)

영국 국민 연금의 미망인 연금 및 사별 연금은 전 세계 어디에서나 당신에게 지급될 수 있습니다.

다중 어성적(heteroglossic) 개입 중 부인하기에서 화자는 자신이 제시한 다른 이의 입장을 부정하거나 반박함으로써 그 의견을 받아들여지지 않아도 되는 것으로 제시한다.

> It is **condescending** and **foolish** to caricature the outlook of our international students and imagine that they will behave in a certain way, or not be interested in wider issues. (*Fisher House Newsletter*, 2017)

우리 유학생들의 관점을 희화화하고, 그들이 특정한 방식으로 행동할 것이라고 지레짐작하거나, 보다 광범위한 문제에 관심을 갖지 않는 것은 거만하고 어리석다.

화자는 자신이 제시한 관점을 *condescending, foolish*라 혹평하며, 해당 관점이 자신이 받아들일 수 없는 것임을 분명하게 밝힌다.

반면에 선언하기에서 화자는 내세운 관점을 완전히 수용하거나 찬성한다.

> In my latest book I **advocate** the end of marriage as a state-recognised institution. (*Philosophy at Cambridge*, May 2017)

최근 저서에서 나는 국가 승인 제도로서 결혼이 종식되어야 함을 주장했다.

화자는 제시된 입장에 대해 *advocates*라고 말함으로써, 상당히 강력한 방식으로 그것을 선언하고 있다.

포용하기에서 화자는 어떤 관점이 사실일 가능성을 받아들인다.

I suppose a large part of me wants to believe that we might finally have reached a point in history when one country's success does not mean another's failure. (*CAM*, 59, 2010)

제가 생각하기에 저는 역사적 흐름 속에서 우리가 드디어 한 나라의 성공이 곧 다른 나라의 실패를 의미하지 않는 지점에 도착했다고 믿고 싶은 마음이 큰 듯합니다.

*I suppose*라는 표현은, 화자가 제시된 의견을 확신할 수 있는 것은 아니지만, 아마도 어느 정도는 화자가 그러한 의견을 사실로 받아들이고 있음을 말해 준다.

귀속하기는 화자가 어떤 의견을 다른 사람의 관점으로 제시하는 것으로, 암시적으로라도 반드시 그것이 자신의 관점은 아님을 시사한다.

For **the Pope,** a world order based on the unlimited satisfaction of individual wants is unattainable, and the attempt to reach it destructive of the world around us, and the peace of our inner worlds.

(*Guardian Weekly*, 6-12 January 2017)

교황에게 있어 개인의 욕구를 무한하게 만족시키고자 하는 세계 질서는 이루어질 수 없으며, 이를 달성하려는 시도는 우리의 주변 세계와 내면 세계의 평화를 파괴한다.

여기서, 주어진 명제는 *the Pope*에게 귀속되어 그것이 글을 작성한 기자의 관점은 아니라는 것을 분명하게 알 수 있다.

6.3. 강도

강도(graduation)는 느낌과 태도를 나타내는 표현을 강화하거나 약화하기 위해 사용하는 자원을 다룬다. "초점(Focus)"은 원형적(prototypical)으로 말하고 있는지 아닌지의 정도(extent)를 등급화한다. "세기(Force)"는 강하게 혹은 약하게 말하는 정도를 나타낸다.

> The boat trip reaches Lindisfarne at high tide when the Island is cut off from the mainland and the **true peace and tranquillity** of Island life can be experienced. (Billy Shiel's leaflet, 2016)
> 보트 여행은 섬이 본토와 단절되는 만조 때 린디스판에 도착하여, 섬 생활의 진정한 평화와 고요를 경험할 수 있게 해준다.

여기서 *true*란 단어는 *peace*와 *tranquillity*의 원형성(prototypicality) 정도를 높인 것으로 초점의 예에 해당한다.

> Over at Cragside, the formal garden laid out over three terraces is a **magnificent example** of a Victorian garden with views across Coquetdale to match. (National Trust leaflet, 2016)
> 크랙사이드에서 세 개의 테라스에 펼쳐져 있는 잘 정리된 정원은 코케데일을 가로지르는 조망을 갖춘 빅토리아식 정원에 딱 맞는 훌륭한 예이다.

여기서 *magnificent*라는 단어는 *example*의 힘을 강화시키며 증가시킨다.

요약

- 평가어는 태도, 개입, 강도의 면에서 화자의 존재를 분석한다.
- 태도는 화자의 느낌과 관련되며, 정서, 판단, 품평으로 나뉠 수 있다.
- 정서는 감정의 표현을 다룬다.
- 판단은 사람들과 그들의 행동을 향한 태도의 표현에 대한 것이다.
- 품평은 평가(evaluation)에 대한 것이다.
- 개입은 화자가 또 다른 관점을 고려하는지, 고려하지 않는지에 대한 것이다.
- 강도는 화자가 자신의 말을 강화하거나 약화하는 방식을 다룬다.

활동 및 연습

1. 웨스톤버트 국립 수목원(Westonbirt, The National Arboretum)의 전단지(2017년)
   에서 발췌한 다음 글을 읽고, 긍정적 정서의 예를 찾아보자.

   The Victorian Holford family had a vision - to create a unique arboretum,
   filled with beautiful and unusual trees from around the world.

   They worked to collect together trees and shrubs, brought back to
   England by plant hunters who had travelled the globe in search of the
   rare and remarkable, and laid out what they had gathered aesthetically;
   the result is one of the most beautiful tree gardens in the world.

   빅토리아 홀포드 가족은 전 세계의 아름답고 독특한 나무들로 가득 찬
   특별한 수목원을 만들고자 하는 목표를 가지고 있었다.

   그들은 나무와 관목을 수집하는 일을 하며, 희귀하고 놀라운 식물들을
   찾기 위해 전 세계를 여행하는 식물 수집가들을 통해 영국으로 나무를 가져
   와, 그들이 수집한 것을 미적으로 아름답게 배치했다 - 그 결과 세계에서
   가장 아름다운 나무 정원이 되었다.

2. NHS의 전단지(2017년)에서 발췌한 다음 글을 읽고, 부정적 정서의 예를
   찾아보자.

   Winter conditions can be seriously bad for our health, especially for
   people aged 65 or older, and people with long-term conditions such as
   COPD, bronchitis, emphysema, asthma, diabetes or heart or kidney
   disease.

   Being cold can raise the risk of increased blood pressure, heart attacks
   and strokes.

   The cold and damp weather, ice, snow and high winds can all
   aggravate any existing health problems and make us more vulnerable to
   respiratory winter illnesses. But there are lots of things you can do to
   stay well this winter.

겨울 날씨는 우리의 건강에 심각하게 부정적인 영향을 끼칠 수 있는데, 특히 65세 이상이거나, 만성 폐쇄성 폐질환, 기관지염, 폐기종, 천식, 당뇨병, 심장이나 신장 질환과 같은 장기 질환이 있는 사람들에게 그러하다.

추위는 혈압, 심장마비, 뇌졸중의 위험을 증가시킬 수 있다.

춥고 습한 날씨, 얼음, 눈, 강풍 모두 기존의 건강 문제를 악화시키고, 겨울철 호흡기 질환에 더 취약하게 만들 수 있다. 그렇지만 이번 겨울을 잘 보내기 위해 당신이 할 수 있는 것들이 많이 있다.

3. 첼튼엄에 있는 베이컨 극장(Bacon Theatre)의 프로그램(2018년)에서 발췌한 다음 글을 읽고, 사회적 존중을 표현한 판단 항목을 찾아보자.

This charismatic ensemble boasts stars from TV and London's West End and is fronted by family members Darren, Gary and Jack Simmons making for an unrivalled vocal harmony blend. Backed up by a stunning band and live string section, you will be taken on an emotional journey from tender orchestrated classics such as Massachusetts and Words, to disco classics such as Night Fever, Stayin' Alive and Tragedy. An unforgettable evening that will have you both reaching for your handkerchiefs and dancing in the aisles.

TV 스타들과 런던의 웨스트엔드의 스타들이 독보적인 목소리의 조화를 만들어 내는 대런, 게리, 잭 시몬스 가족을 필두로 카리스마 넘치는 앙상블을 펼친다. 멋진 라이브 밴드의 반주를 따라, 당신은 매사추세츠와 워즈 같은 부드러운 오케스트라의 클래식부터 나이트 피버, 스테이 인 얼라이브, 그리고 트래제디 같은 디스코 클래식에 이르는 감성 여행을 떠나게 될 것이다. 행커치프를 꺼내어 들고 복도에서 춤을 추는 잊지 못할 밤이 될 것이다.

4. 네이처 인 아트(Nature in Art)의 브로슈어(2018년)에서 발췌한 다음 글을 읽고, (긍정적) 품평을 표현한 항목을 찾아보자.

Since Nature in Art opened its doors to the public in 1988, our unique collection has grown and diversified. This display highlights some of the many wonderful painting, prints, drawings, sculptures and other items that have been acquired in our first 30 years, an inspiring platform for the three decades to come.

1988년 네이처 인 아트가 창간된 이래, 우리의 특별한 컬렉션은 계속해서 성장하며 다양해져 왔다. 이 전시회는 우리의 첫 30년 동안 수집된 수많은 멋진 그림, 판화, 소묘, 조각, 그리고 다른 작품들 가운데 하이라이트를 보여주는 것으로 앞으로의 30년을 위한 영감의 기반이 되어 줄 것이다.

5. 굿 에너지(Good Energy)의 전단지(2018년)에서 발췌한 다음 글을 읽고, 정서, 판단, 품평의 면에서 태도를 분석해 보자.

For me, you need all the elements of our purpose to succeed. We need technologies that find new ways to deliver the wants of our society and that don't damage our future. We need to make this a choice where everyone has the option to choose a cleaner world. Doing it alone won't work - we need to work with all aspects of society, businesses, scientists, policy makers and customers of energy to make a real difference.

In the 18 years since I founded Good Energy, the energy industry has come a long way. Renewables are now providing almost 25% of the UK's electricity and April 2017 saw the first coal-free day in Britain since the industrial revolution.

Good Energy supports its customers in becoming part of the revolution in energy, generating power, using local power and being part of an energy system that can balance itself in people's homes and businesses. With the developments in renewable, as well as clean technologies like batteries, electric vehicles and smart products, this future is within our grasp.

I feel optimistic about the future. The technologies to solve society's problems are within our reach. We now need to harness them and engage with society in a way that can really make a difference to our future.

여러분에게는 우리의 목표를 성공시키기 위한 모든 요건이 필요합니다. 우리에게는 사회의 요구를 충족시킬 수 있는 동시에 우리의 미래를 해치지 않는 새로운 방식의 기술이 필요합니다. 우리는 모두가 보다 깨끗한 세계를 고를 수 있는 선택지를 가지는 것을 선택해야 합니다. 한 사람의 선택만으로는 효과가 없을 것입니다 - 진정한 차이를 만들기 위해서는 사회와 기업, 과학자, 정책 입안자, 에너지 소비자들이 모두와 함께 나서야 합니다.

굿에너지를 설립한 이후 18년 동안, 에너지 산업은 큰 발전을 이룩해 왔습니다. 현재 영국 전력의 거의 25%가 재생 에너지를 통해 공급되고 있으며, 2017년 4월에는 산업혁명 이후 처음으로 영국에서 석탄이 없는 날을 목격했습니다.

굿에너지는 고객이 전력 생산 및 지역 전력의 운용, 가정과 산업의 균형을 맞추어 주는 자체적 에너지 시스템의 일부가 되게 함으로써 에너지 혁명의 일부가 될 수 있도록 지원합니다. 배터리, 전기 자동차, 스마트 제품과 같은 재생 가능한 청정 기술의 발전으로, 우리는 우리의 미래를 만들어 갈 수 있습니다.

저는 미래를 낙관적으로 전망합니다. 사회 문제를 해결할 수 있는 여러 기술들이 우리의 손안에 있습니다. 우리는 이제 그것들을 이용함으로써 우리의 미래에 진정한 차이를 만들어 낼 수 있는 방식으로 사회에 참여해야 합니다.

6. 다음 글은 가디언 위클리(*Guardian Weekly*, 2018년 4월 2-8일)에서 발췌한 것이다. 각각의 예가 단일 어성인지 다중 어성인지 구분하고, 다중 어성이라면 부인하기, 선언하기, 포용하기, 귀속하기 중에 무엇에 속하는지 판별해 보자.

a. But we know Neanderthals were anatomically equipped for speech; their use of painted symbols suggests that they could make audible symbols and not just visible ones.
하지만 우리는 해부학적으로 네안데르탈인이 이야기할 수 있음을 알고 있다; 그들이 그린 상징들은 그들이 단지 시각적 상징만이 아닌 청각적인 상징을 만들 수 있었음을 보여준다.

b. I am not persuaded that you need a German GroKo in order to have the essential European coalitions of the willing, or that a GroKo would be better for the European project in the longer term.

당신이 필수적이라고 여기는 유럽 연합을 가지기 위해 독일 GroKo(연립정당)가 필요하다는 것이나, GroKo가 장기적으로 유럽 프로젝트에 이익이 될 것이라는 데 나는 동의하지 않는다.

c. In retrospect, I see that I gave Patrick technology to play with, to the virtual exclusion of the more traditional toys.

돌이켜보면, 나는 패트릭에게 사실상 전통적인 장난감을 배제하고, 테크놀로지를 이용한 놀이만을 해 주었다.

d. Last week saw an orgy of mudslinging at the UN Security Council over a modest proposal for a 30-day humanitarian ceasefire in Syria.

지난주 유엔 안전보장이사회에서는 시리아에 30일간의 인도주의적 휴전을 제공하자는 온건주의적 제안을 둘러싸고 진흙탕 싸움이 벌어졌다.

e. Maybe the fault is in cruise ships themselves - the way they are designed for excess, the way you are all trapped in there together.

어쩌면 유람선 자체의 결함일지도 모른다 – 과적에 대한 설계 방식이나, 사람들이 모두 그 안에 갇힌 상황에 대한 설계 방식

f. New Zealanders have criticized an interview with their prime minister, Jacinda Arden.

뉴질랜드 국민들은 저신다 아던 총리의 인터뷰를 비판했다.

g. Sitting with Umpierrez, Lepage says the scheme provides a "fountain of youth" for older artists who have inevitably lost the bullishness of their hungry years.

움피에레즈와 함께 앉아, 르파주는 이 기획이 배고팠던 시절의 완고함을 필연에 따라 상실해 버린 나이 든 예술가들에게 "젊음의 근원"을 제공한다고 말한다.

h. The Chinese leader, Xi Jinping, considered the country's most dominant since Mao Zedong, looks to have further cemented his grip on power

after Beijing unveiled plans to scrap the presidency's twoterm limit.
마오쩌둥 이후 중국에서 가장 유력한 지도자로 여겨지는 시진핑 중국 국가주석은 베이징의 국가주석 중임 제한 폐지 계획을 발표한 이후 보다 공고한 미래 권력을 손에 쥐게 될 것으로 보인다.

i. The discovery overturns the belief that modern humans are the only species to have expressed themselves through works of art.
이 발견은 현대 인류가 예술 작품을 통해 자신을 표현했던 유일한 종이라는 믿음을 뒤엎는 것이다.

j. The golden sands of Maya Bay are some of the most famous in the world.
마야만(灣)의 황금 모래는 세계에서 가장 유명한 것이다.

k. This is fantastic, but on its own it doesn't go far enough.
이것은 환상적이지만, 이것만으로는 충분하지 않다.

l. University bosses were last week under pressure from the government to return to talks in an effort to end strike action that has brought widespread disruption to campuses.
대학 총장들은 정부로부터 지난주 대학 캠퍼스에 광범위한 혼란을 초래한 파업의 종식을 위해 회담으로 복귀하라는 압력을 받았다.

7. 다음 글은 각각 자전거 대여 전단지(2018년)와 NHS 전단지(2017년)에서 발췌한 것이다. 글을 읽고 글에 나타난 강도의 예를 찾아보자.

a. We have a fully equipped workshop with qualified mechanics on duty every day and every part needed to keep your bike rolling.
   Check out our fantastic bike shop - fully stocked with clothing, helmets, parts and accessories from great brands like Fox, Bell, Camelbak and Madison.
   우리 업소에는 실력 있는 정비사들이 매일 대기하고 있으며, 당신의 자전거가 계속 굴러가도록 하기 위해 필요한 모든 부품이 완벽하게 갖추어져 있습니다.

폭스, 벨, 카멜백, 매디슨과 같은 유명 브랜드의 의류, 헬멧, 부품 및 액세서리로 가득 찬 환상적인 우리 자전거 가게에 들러보세요.

b. Remember that other people, such as older neighbours, friends and family members, may need a bit of extra help over the winter. There's a lot you can do to help people who are more frail than you.

Icy pavements and roads can be very slippery and cold weather can stop people from getting out and about. Keep in touch with your friends, neighbours and family and ask if they need any practical help, or if they're feeling under the weather.

나이든 이웃, 친구, 가족과 같은 다른 사람들이 겨울을 나기 위해서는 약간의 추가적인 도움이 필요할 수도 있다는 것을 기억해 주세요. 도움이 필요한 사람들을 위해 당신이 할 수 있는 많은 일들이 있습니다.

얼어 있는 보도와 도로는 매우 미끄러워 추운 날씨에 사람들이 밖에 나가 돌아다니기 어렵게 만듭니다. 친구, 이웃, 가족과 연락해 어떤 실질적인 도움이 필요하지는 않은지, 혹은 몸이 좋지 않은지를 물어봐 주세요.

활동 및 연습 풀이

1. a unique arboretum 특별한 수목원
   beautiful and unusual trees 아름답고 독특한 나무들
   the rare and remarkable 희귀하고 놀라운 것
   aesthetically 미적으로 아름답게
   one of the most beautiful tree gardens in the world
   세계에서 가장 아름다운 나무 정원들

2. Winter conditions 겨울 날씨
   seriously bad 심각하게 나쁜

long-term conditions such as COPD, bronchitis, emphysema, asthma, diabetes or heart or kidney disease

만성 폐쇄성 폐질환, 기관지염, 폐기종, 천식, 당뇨병, 심장이나 신장 질환과 같은 장기 질환

the risk of increased blood pressure, heart attacks and strokes

혈압, 심장마비, 뇌졸중의 위험

The cold and damp weather, ice snow and high winds

춥고 습한 날씨, 얼음, 눈, 강풍

aggravate 악화시키다

existing health problems 기존의 건강 문제

more vulnerable 더 취약하게

respiratory winter illnesses 겨울철 호흡기 질환

3. charismatic 카리스마 넘치는
   unrivalled 독보적인
   stunning 멋진
   emotional 감성적인
   tender 부드러운
   unforgettable 잊지 못할

4. unique 특별한
   wonderful 멋진
   inspiring 영감

5.

항목	정서	판단	품평
to succed 성공시키기 위한		존중	
new ways 새로운 방식			긍정적
damage 해치다		제재	
cleaner 보다 깨끗한	긍정적		

항목	정서	판단	품평
won't work 효과가 없을 것입니다		제재	
real diffrence 진정한 차이			긍정적
come a long way 큰 발전을 이룩하다		존중	
supports 지원하다		존중	
balance itself 자체적인 균형		존중	
clean technologies 청정 기술			긍정적
within our grasp 우리 안에		존중	
optimistic 낙관적인	긍정적		
society's problems 사회의 문제			부정적
within our reach 우리의 손안에 있다		존중	
make a diffrence 차이를 만들다		존중	

6. a. 다중 어성, 선언하기

   b. 다중 어성, 부인하기

   c. 다중 어성, 포용하기

   d. 단일 어성

   e. 다중 어성, 포용하기

   f. 다중 어성, 귀속하기

   g. 다중 어성, 귀속하기

   h. 다중 어성, 포용하기

   i. 다중 어성, 부인하기

   j. 단일 어성

   k. 다중 어성, 선언하기

   l. 단일 어성

7. a. fully (equipped) 완벽하게 (갖추어진)

   every (day) 매(일)

   every (part) 모든 (부품)

   fully (stocked) 가득 (찬)

b. older (neighbours...)　나이든 (이웃)

　a bit of (extra help)　약간의 (추가적인 도움)

　a lot (you can do)　많습니다 (당신이 할 수 있는 일)

　more (frail) than you　당신보다 더 (약한)

　very (slippery)　매우 (미끄러운)

　any (practical help)　어떤 (실질적인 도움)

07

텍스트 모델링: 문법적 은유

무엇인가에 대해 의사소통하고자 할 때, 그것을 가능하게 하는 방법에는 여러 가지가 있다. 수많은 언어적 자원들이 사용될 수 있는데, 이때 선택한 자원은 맥락에 의존하게 되며 그 맥락 안에서 선택한 자원은 의사소통의 특정한 조각이 된다. 만약 어제 마을 근처의 절벽 꼭대기 길에서 무엇을 했는지 말하고 싶고, 실제로 그때 걷는 행위를 했다면, 화자는 동사 walk를 사용하여 "I walked along the cliff-top path(절벽 꼭대기 길을 따라 걸었다)"라고 말할 수도 있고, 명사 walk(걷기)를 사용하여 "I went for a walk along the cliff-top path(절벽 꼭대기 길을 따라 걷기를 했다)"라고 말할 수도 있다. 걷는 것은 과정(process)이고, 일반적으로는 과정을 동사와 연관시키는 경향이 있기 때문에, 동사는 과정을 표현하는 가장 자연스러운 방법이며, 따라서 동사로서 과정을 부호화하는 방식을 "일치(congruent)"라고 한다. 명사로 과정을 표현하는 것과 같은 다른 방식의 과정 표현은 "불일치(non-congruent)"라고 한다. 무언가를 표현하는 데 있어 일치하는 방식의 목록을 구축할 수 있다. 예를 들어 개체(entities)를 표현하는 일치 방식은 물리적이든 추상적이든 명사를 사용하는 것이고, 질이나 특성을 표현하는 일치 방식은 형용사 등을 사용하는 것이다.

개체(entity) → 명사(noun)
과정(process) → 동사(verb)
성질(quality) → 형용사(adjectives)

이 일치 표현 체계에서 벗어나, 비일치 형태를 사용하는 것을 "문법적 은유(grammatical metaphor)"라고도 부른다.[20]

문법적 은유라는 용어의 선택은 첫눈에는 어색하게 보이기도 한다. 왜 "은유(metaphor)"일까? 은유라고 하면 대개 "the rosy fingers of the dawn(여명의 장미빛 손가락)"과 같이 생생한 표현들을 예상한다. "the rays of the sun at sunrise(일출 때의 태양 광선)"와 같은 표현 대신에 앞서와 같은 표현을 사용할 때, 언어학적 관점에서는 무슨 일이 일어나는가? "rays of the sun(태양 광선)" 대신에 "Rosy fingers(장미빛 손가락)"이 사용된 것이다. 이들은 둘 다 명사군이지만, 일반적으로 동일한 개체를 지칭하는 데 사용되지 않는다는 점에서(설령 그렇더라도) 같은 것을 의미하지는 않는다. 따라서 이러한 유형의 은유를 "어휘적(lexical)" 또는 "의미적(semantic)" 은유라고 하는데, 여기서 은유란 형태(명사군)는 동일하지만 의미는 다름을 나타낸다. 한편, 내가 동사 walk(걷다) 대신에 명사 walk(걷기)를 사용하였을 때, 여기서의 은유는 형식

---

20) [역주] 문법적 은유 역시 세 가지 대기능에 따라 관념적 은유, 대인적 은유, 텍스트적 은유로 분류할 수 있다. 이 책에서 세 가지 유형의 문법적 은유 가운데 관념적 은유와 대인적 은유를 다루고 있다. 관념적 은유는 관념적 대기능에 초점을 두며, 대표적으로 '명사화'에 의해 실현된다. 대인적 은유는 대인적 대기능을 바탕으로 한 서법 은유와 양태 은유가 있다. 이관규 외(2021: 193)에 따르면 텍스트적 은유는 문법적 은유 가운데 관련 연구가 활발하게 진행되지 않았다. 그러나 텍스트적 은유를 설정하지 않는 것은 아니다. Martin(1992: 416-417)에서는 텍스트적 은유의 범주를 설정하고 있다.
　국내에서 문법적 은유와의 관계 속에서 가장 적극적으로 탐구되고 있는 것은 '관념적 은유'에 해당하는 '명사화'인데, 맹승호 외(2010: 790)에서 언급한바, '명사화는 문법적 은유를 가능하게 하는 핵심적 조건(맹승호 외, 2010: 790)'이기 때문이다. 소지영·주세형(2017: 123)에 따르면 Halliday 외(1999: 235)에서는 문법적 은유의 유형 13가지 중 5가지 유형이 명사(화)와 직접 관련이 있으며, Halliday의 문법적 은유 개념을 계승하여 '의미 선택에 있어 대안적인 어휘·문법적 실현'이라고 정의한 Ravelli(1985)에서는 19가지의 문법적 은유 유형 중 10가지 유형이 명사구 요소로 실현된다고 정리하였다.

은 동일하지 않지만(명사는 동사가 아니므로), '걷는 과정'이라는 기본적으로 동일한 의미를 가진다. 이를 표로 나타내면 아래와 같다.

	형태	의미
전통적 은유	같음	다름
문법적 은유	다름	같음

다음의 예를 보자.

In **response**, Erdoğan began a fierce **crackdown** on political and media opponents while deliberately abandoning the 2013 **ceasefire** with PKK Kurdish separatists. (*Guardian Weekly*, 24-30 March 2017)
이에 대응하여, 에르도안 총리는 정치, 언론의 반대자들에 대한 강도 높은 탄압을 시작하는 한편 2013년 PKK 쿠르드 분리주의자들과 함께 휴전을 의도적으로 중지하였다.

이 짧은 발췌문에는 과정을 나타내는 명사의 예가 3가지 있는데, 이들은 모두 문법적 은유에 해당한다: *response*(응답 또는 대응의 과정), *crackdown*(누군가를 탄압하는 과정), *ceasefire*(전투를 멈추는 과정). 이 세 가지 예는 "명사화된(nominalized)" 과정에 해당한다. 이어지는 예에서 다른 유형의 문법적 은유를 볼 수 있다.

His personal **popularity** is as low as 32 % compared to 61% **favourability** for Obama as president.

(*Guardian Weekly*, 27 January – 2 February 2017)
오바마의 개인적 인기는 32%로 대통령으로서 오바마에 대한 지지도인 61%보다 낮게 나타났다.

*response, crackdown, ceasefire*가 개체가 아니라 과정이었던 것처럼, *popularity*와 *favourability*는 개체가 아니라 특질(qualities)로, 일치된 형태로 나

타났다면 형용사(popular, favourable)에 의해 표현되었을 것이다.

문법적 은유는 텍스트에 주목할 만한 변화를 만들어 낼 수 있다. 이것을 명사화된 과정으로 설명해 보자. 동사 대신 명사를 사용하는 일은 그 명사를 수식하거나 한정할 수 있게 해준다.[21] 위의 예에서 명사화된 특질인 *popularity*는 *his personal popularity*로 수식되며, *favourability*는 *favourability for Obama as president*로 한정된다. 이 경우 과정이나 특질이 명사로 표현되는 것이기 때문에, 이들은 명사 그룹의 모든 기능을 가질 수 있다: 주어, 보충어, 전치사적 보충어. 위의 예에서 *popularity*는 주어의 핵어(head)이며, *favourability*는 전치사적 보충어의 핵어(head)이다. 비록 명사화된 과정은 여전히 과정을 부호화하지만, 이것이 명사라는 사실은, 더 이상 주어를 표현할 필요가 없다는 것을 의미한다. 만약 주어가 있다면, 그것은 해당 과정의 보충어인 경우인데, 이 경우에도 여전히 수식이나 한정어를 사용하여 명사의 뒤로 보낼 수 있다. 이러한 것들은 문법적 은유의 문법적 결과로 볼 수 있으며 문법적 은유는 의미적 결과도 가진다. 과정이 명사로 부호화되고 명사가 개체에 대한 일치 표현이기 때문에, 명사화된 과정이 개체의 특성 혹은, 개체의 "느낌(feel)"을 취하는 것이다. 과정은 본질적으로, 흘러가는 것(fleeting)이다. 동사는 어느 순간 일어났다가, 다음 순간에 끝이 난다. 그 다음엔 과거에 속하며, 더 이상 존재하지 않게 된다. 반면에 명사는 고정적이고 객관적이기 때문에, 어느 정도 영속성을 가진다. 이러한 특성을 과정에 부여하는 것은 그것을 부인할 수 없는 사실로 만든다. 마이클 할리데이(Michael Halliday)가 지적한바, 절에 대해서는 논쟁할 수 있지만, 명사군과는 논쟁할 수 없다.

---

21) 명사화의 이러한 효과는 한국어에도 그대로 적용된다. '이야기하다'라는 동사를 사용할 때는 '이야기'를 수식하거나 한정할 수 없다. 그 이야기가 '어제 다 하지 못한' 이야기라거나, '지난 번에 있었던 일에 대한' 이야기라고 수식해야 할 경우에 우리는 '이야기를 나누다'와 같은 표현을 사용하여 과정인 '이야기하다'를 '이야기'로 명사화하여 개체로 다루어야 한다. 이렇게 과정을 개체로 전환하고 나면 '이야기'의 특질을 다양한 방식으로 수식하거나 한정할 수 있게 되면서 '어제 다 하지 못한 이야기를 나누었다'와 같은 표현이 가능해진다.

마지막에 이야기된 가능성은 정치적 담론과 같은 특정 유형의 텍스트에서 자주 사용된다.

The level of **violence** against women and girls is not acceptable. Labour will emphasise the **safety** of women and girls by appointing a commissioner to set new standards for tackling domestic and sexual **violence**. We will establish a National Refuge Fund and ensure **stability** for **rape** crisis centres. We will make age-appropriate sex and **relationship education** a compulsory part of the curriculum so young people can learn about respectful **relationships**.   (Labour Party Manifesto, 2017)

여성과 소녀에 대한 폭력이 허용될 수 없는 수준입니다. 노동당은 가정과 성폭력에 대처하기 위한 새로운 기준을 마련하는 위원을 임명함으로써, 여성과 소녀들의 안전을 강조할 것입니다. 우리는 국가적인 보호 시설 기금을 설립하고 성폭행 위기 센터를 통해 안정을 보장할 것입니다. 우리는 연령에 맞는 성관계와 인간관계 교육을 필수 교육과정에 포함시켜 청소년들이 존중하는 관계를 배울 수 있도록 할 것입니다.

이 짧은 발췌문(단어 70개의 길이)에는 *violence*(두 번 나타나며, 여기서는 폭력적인 특질보다는 폭력적으로 행동하는 것을 의미함), *acceptable*(수락하는 과정이 양태화된 형태), *rape*(수식어로 기능하는 명사화된 과정), *relationship*(두 번 나타나며, 첫 번째 예시는 수식어로 기능함), *education*의 7가지 명사화 과정의 예, 그리고 *safety*와 *stability*이라는 2가지 명사화된 특질이 나타난다. 이는 70개의 단어를 가진 발췌문에서 9개의 문법적 은유가 나타난 것으로, 이 텍스트에서 문법적 은유는 평균적으로 8개의 단어마다 한 번씩 나타난 것이다.

학술적 담화와 같은 유형의 텍스트에서는, 비은유적인 형태로 표현된 설명부(rheme)가 문법적 은유의 형태로 후행하는 절의 주제부(theme)로 표현되는 것이 아주 일반적이다.

Escorts **stay close to their associated pup, feeding, carrying, grooming and protecting it from predators.** **Escorting** starts when pups first emerge from the den at around four weeks old and continues until pups reach nutritional independence at the age of three months (the 'escorting period'). (Vitikainen et al. (2017): "Biased escorts: offspring sex, not relatedness explains alloparental care patterns in a cooperative breeder", *Proceedings of the Royal Society B*, 284: 1854, DOl 10.1098/ rspb.2016.2384)

보호자들은 무리의 새끼들 근처에 머무르면서, 포식자로부터 이들을 보호하고 먹이를 주고, 보살피고, 털을 정리해 준다. 이러한 보호는 새끼들이 처음 굴에서 나오는 생후 4주 정도의 시기에 시작되어 새끼들이 영양 섭취를 독립적으로 할 수 있는 3개월까지 계속된다. ('보호 시기')

이 발췌문에서 첫 번째 절의 설명부는 보호자들이 무엇을 하는지 알려준다. (무리의 새끼들 근처에 머무르면서, 포식자로부터 이들을 보호하고 먹이를 주고, 보살피고, 털을 정리해 준다. 그들은 *stay close to their associated pup, feeding, carrying, grooming and protecting it from predators*). 그리고 이러한 행위들은 과정의 명사화와 문법적 은유를 통해 *Escorting*로 압축되어, 두 번째 절의 주제부가 된다. 이러한 방식의 문법적 은유의 사용은 논증 구조를 형성하는 데 있어서 중요한 자원으로 학술 논문과 같은 특정한 유형의 장르에서 사용된다.

문법적 은유는 많은 형태를 취할 수 있지만, 여기서 주요하게 언급할 만한 유형으로는 특정 유형의 외치 구조(extraposed structure)이다. 주제 구조(thematic structure)에 대한 장에서 외치 매트릭스(extraposition matrix)가 때때로 대인적 주제부(interpersonal theme)로 기능할 수 있음을 살핀 바 있다. 이것은 외치 매트릭스가 양태나 다른 형태의 대인관계적 내용을 표현할 때 발생한다. 다음의 예가 여기에 해당한다.

It's just possible that, as it contemplates an abyss, the human rights movement will find the energy for unexpected breakthroughs.

(*Guardian Weekly*, 27 January – 2 February 2017)

심연을 응시하는 동안, 인권운동이 예기치 못한 돌파구를 위한 에너지를 찾는 것도 가능할 것이다.

외치 매트릭스 *It's just possible that*의 일치 형태는 아마도 *perhaps* 또는 *probably*와 같은 부사일 것이다. 따라서 우리는 이것이 문법적 은유를 포함한다고 말할 수 있다. 앞서 살핀바, 이 경우에 *It's just possible that*은 대인적 주제부로 기능하고, 화제적 주제부는 *β*-절, *as it contemplates an abyss* 가 된다.

언어에서 문법적 은유의 중요성은 모든 문법적 은유를 제거하고 텍스트를 다시 써 보는 과정을 통해 도출될 수 있다. 그 과정은 "재구하기 (unpacking)"라고 알려져 있다. 이는 문법적 은유를 일치 형태로 교체하는 것이다. 다음 예를 살펴보자.

Large-scale **protest movements** have recently transformed urban common spaces into places for **discussion** and **decision-making**, for increasing **participation** and **intervention** in the **governance** of the community.

(*Book Gazette*, Spring 2016)

대규모 시위 운동은 최근 도시의 공공 공간을 지역 공동체 운영에 대한 참여 및 개입을 증가시킬 목적으로 토론과 의사결정을 위한 장소로 변화시켰다.

위의 예는 *protest movements, discussion, decision-making, participation, intervention, governance*와 같은 몇 가지 문법적 은유의 예들을 포함한다. 문법적 은유를 사용하지 않는다면 어떤 모습이 될까? 다음은 재구해 본 버전이다.

People have moved to protest on a large scale, and this has recently transformed urban spaces into places where people can discuss and decide on things, and where they can participate and intervene in the way the community is governed.

사람들은 대규모로 항의하기 위해 움직였고, 이것은 최근 도시 공간을 사람들이 무엇인가에 대해 토론하고 결정하고, 지역공동체 운영 방식에 대해서 참여하고 개입할 수 있는 공간으로 변화시켰다.

*Protest movements*와 같은 표현은 문법적 은유가 없는 형태로 만드는 것이 특히 어려웠다. 이 문제를 해결하기 위해서 *move*를 *protest*의 부정사 형태를 가진 한정사로 만드는 방식을 선택했다. 또 아주 일반적인 단어인 *people*을 주어로 하고 *govern*을 수동태로 바꾸었다. 이는 상당히 복잡한 예로 생각될 수 있으나 문법적 은유는 미식축구 보도와 같은 상대적으로 "단순한(simple)" 텍스트에서도 나타난다.

Luke Berry believes Cambridge United's club-record Football League **win** over Morecambe shows the **progress** they are making under Shaun Derry. The U's hammered the hapless Shrimps 7-0 at the Abbey on Tuesday night, with the **triumph** also being their largest for more than SIX years. (*Cambridge News*, 21 April 21 2016)

루크 베리는 케임브리지 유나이티드가 모컴을 상대로 거둔 우승에 대한 풋볼 리그의 클럽 기록이 숀 데리 아래에서 이루어진 그들의 발전을 보여준다고 믿는다. The U's(콜체스터 유나이티드 FC)는 화요일 밤 애비에서 불운한 슈림프스를 7대 0으로 완파했는데, 이 승리는 또한 6년 이상 기간 안에 그들이 거둔 가장 큰 승리기도 하였다.

문법적 은유로 *win, progress, triumph*, 세 가지 예가 있는데 다음은 재구한 버전이다.

Luke Berry believes that the fact that Cambridge United beat Morecombe with a Football League club record shows that they are progressing under Shaun Derry. The U's triumphed over the hapless Shrimps by 7-0 at the Abbey on Tuesday Night, and this was their largest winning margin for more than six years.

루크 베리는 케임브리지 유나이티드가 모컴을 이겼다는 풋볼 리그 클럽의 기록이야말로 그들이 숀 데리 아래에서 발전하고 있음을 보여주는 사실임을 믿는다. The U's(콜체스터 유나이티드 FC)는 화요일 밤 애비에서 불운한 슈림프스를 7대 0으로 이겼다. 그리고 이것은 6년 이상 기간 동안에 가장 큰 점수 차의 승리였다.

재구된 버전은 대체로 매우 자연스럽게 들리지 않는다는 것을 알 수 있으며, 모든 종류의 격식을 갖춘 표현을 생산하기는 어려웠다. 이것은 문법적 은유가 우리가 반복적으로 사용하는 언어의 필수적인 자원임을 보여준다. 마이클 할리데이는 문법적 은유가 전혀 없는 유일한 종류의 담화는 어린 아이들의 담화라고 이야기한 바 있다.

요약

- 문법적 은유는 비일치 형태(non-congruent form)를 사용하는 것으로, 과정을 동사가 아닌 명사로서 부호화하는 것이 여기에 해당한다.
- 텍스트에서 문법적 은유를 제거하는 것을 "재구하기(unpacking)"라고 한다.

활동 및 연습

1. 다음 RHS 축제(RHS Festival) 전단지 발췌문에 나타난 명사화의 예를 모두 찾아보자.

   Set to take you on a journey of discovery, this year's festival brings influences from The Great Exhibition of 1851 into the present day. From coveted RHS Gold Medal winning show gardens and specialist plant nurseries in our beautiful Floral Marquee, there is no better place for gardeners of all abilities to discover summer inspiration. And there is plenty more, including our enticing shopping arcades with a selection of Artisan crafts plus our new antiques market where you can browse and buy.

당신을 탐험의 여정으로 인도하기 위해, 올해의 축제는 1851년의 만국박람회로부터의 영향을 오늘날로 가져옵니다. 탐스러운 RHS 금메달 수상 정원부터 아름다운 플로럴 마키 내 전문 묘목장까지 다양한 수준의 정원사들이 여름의 영감을 얻기에 이보다 좋은 곳은 없습니다. 그리고 다양한 예술품을 갖춘 매력적인 쇼핑 아케이드에 더하여 구경도 하고 구매도 할 수 있는 새로운 골동품 시장 등 더 많은 것들이 있습니다.

2. 다음 노동당 성명서(Labour Party manifesto, 2005) 발췌문에 나타난 명사화의 예를 모두 찾아보자.

Communities know that crime reduction depends on drug reduction. There are now 54 per cent more drug users in treatment and new powers for the police to close crack houses and get drug dealers off our streets. We will introduce compulsory drug testing at arrest for all property and drugs offenders, beginning in high-crime areas, with compulsory treatment assessment for those who test positive. Offenders under probation supervision will be randomly drug tested to mirror what already happens to offenders in custody.

지역사회는 범죄 감소가 마약 감소에 달려있다는 것을 알고 있다. 현재 54% 이상의 마약 사용자들이 치료를 받고 있으며, 경찰들은 마약 판매소를 폐쇄하고 거리에서 마약상들을 몰아낼 수 있는 새로운 힘이 있다. 우리는 범죄율이 높은 지역을 시작으로, 모든 재산 및 마약 관련 범죄자 체포 시에 의무적으로 약물 검사를 도입하고, 양성 반응을 보이는 사람들에 대한 의무 치료 및 평가를 실시한다. 보호관찰 감독하의 범죄자들은 구금된 범죄자들에게 이루어진 것에 준하여 무작위로 약물 검사를 받게 될 것이다.

3. 다음 출판사의 홍보물(2018년) 발췌문에서 명사화의 예를 찾고, 이 글을 일치형식으로 되돌린 버전으로 작성해 보자.

This volume deals with children's socialization on the Trobriand Islands. After a survey of ethnographic studies on childhood, the book zooms in on indigenous ideas of conception and birth-giving, children's early development, their integration into playgroups, their games and their education within their 'own little community' until they reach the age of seven years, and then how guidelines are provided for their integration into the Trobrianders' "balanced society" which is characterized by cooperation and competition.

이 책은 트로브리안드 군도의 어린이 사회화에 대한 내용을 다룬다. 아동기에 대한 민족지적 연구 조사를 거친 후, 이 책은 임신과 출산, 아이들의 초기 발달, 놀이 집단으로의 통합, 그들의 놀이, 7살이 될 때까지 그들의 '자체적인 소규모 공동체'에서 이루어지는 교육의 토착 개념에 초점을 맞추고, 협력과 경쟁으로 특징지어지는 트로브리안드인들의 "균형 있는 사회"로 통합되기 위한 지침이 어떻게 제공되는지를 다룬다.

4. 다음 2004년에 발표된 학술 논문의 발췌문에서 명사화의 예를 찾고, 이 글을 일치형식으로 되돌린 버전으로 작성해 보자.

Firstly, throughout the early 1660s, Evelyn was in correspondence with John Beale, a native of Herefordshire most famous (some what unjustly) for his associations with the Hartlib circle and his enthusiasm for cider, and who had been badgering the Royal Society to adopt his proposals for a mnemonic-universal character. Beale kept Evelyn informed of the progress his scheme was making, and tried to enlist him - unsuccessfully, it would seem - as an advocate for his proposals within the Royal Society. However, the details of most significance are found in Evelyn's rigorously ordered commonplace books.

첫째로, 1660년대 초반 내내, 에블린은 하트리브 서클과의 협력과 사과주에 대한 그의 열정으로 헤리퍼드셔 출신의 최고 유명 인사인(다소 부당하게) 존 빌과 서신을 주고받았고, 그는 영국왕립협회에 연상-보편 문자에 대한 그의 제안을 채택하도록 요구했다. 빌은 에블린에게 그의 계획이 어떻게 진행되고 있는지 계속 알려주며, – 성공적으로 보이지 않았지만 – 왕립학회 내에서 그의 제안을 옹호해 달라고 협조를 구했다. 하지만, 가장 중요한 것들은 에블린이 엄격하게 선별하여 주문한 아주 흔한 책들에서 발견되었다.

5. 다음 가디언 위클리(*Guardian Weekly*, 2018년 3월 2-8일)의 발췌문에서 명사화의 예를 찾고, 이 글을 일치형식으로 되돌린 버전으로 작성해 보자.

New charges filed by special counsel Robert Mueller's investigation detail the existence of a group of Europeans, known as the "Hapsburg Group" and led by a "former European chancellor", who were allegedly covertly paid by Paul Manafort, Donald Trump's former campaign manager, for pro-Russian lobbying. Justice department filings - which were filed retroactively - indicate that it was the former Austrian chancellor, Alfred Gusenbauer, who went to meet US congressmen in 2013. At the time of the alleged payments in 2012 and 2013, Manafort was working on behalf of the then Ukrainian president, Viktor Yanukovych, and his pro-Moscow Party of Regions.

로버트 뮬러 특별 검사의 조사에 의해 제기된 새로운 혐의는 "합스부르크 그룹"으로 알려져 있으며 도날드 트럼프의 전 선거관리자인 폴 마나포트로부터 친러 로비를 위해 은밀히 돈을 받은 것으로 알려진 "전 유럽 총리"가 이끄는 유럽인 그룹의 존재를 상세히 보이고 있다. 소급 제출된 법무부 서류는 2013년 미국 국회의원을 만나러 간 사람이 전 오스트리아 총리 알프레드 구젠바우어임을 나타낸다. 돈을 받았다는 진술이 있었던 2012년과 2013년에, 마나포트는 당시 우크라이나 대통령이었던 빅토르 야누코비치를 대신하여 친모스크바 지역당을 위해 일하고 있었다.

활동 및 연습 풀이

1.   Journey 여정
       discovery 탐험
       influences 영향
       inspiration 영감

2.   reduction 감소
       reduction 감소
       testing 테스트
       arrest 체포
       treatment 치료
       assessment 평가
       supervision 감독
       custody 구금

3.   socialization 사회화
       survey 조사
       conception 개념
       birth-giving 출산
       development 발달
       integration 통합
       games 놀이
       education 교육
       integration 통합
       cooperation 협력
       competition[22] 경쟁

---

22) [역주] 원서에는 completion으로 기재되어 있으나 competition의 오기로 보이며, 번역서
에서는 이를 바로잡아 두었다.

This volume deals with the way children socialize on the Trobriand Islands. The book surveys ethnographic studies before zooming in on indigenous ideas about how children are conceived, and given birth to, how young children develop, how they are integrated into playgroups, how they play and are educated within their 'own little community' until they reach the age of seven years, and then how guidelines are provided so that they can be integrated into the Trobrianders' "balanced society" which is characterized by the ways they cooperate and compete.

이 책은 트로브리안드 군도에서 어린이들이 어울리는 방식을 다루고 있다. 이 책은 어린 아이들이 어떻게 잉태되고 태어나는지, 어떻게 발달하고, 놀이 그룹에 통합되는지, 어떻게 놀고, 7살이 될 때까지 그들이 '자체적인 소규모 공동체' 안에서 어떻게 교육받는지에 대한 토착적인 개념들을 자세히 살피고, 그들이 협력하고 경쟁하는 방법으로 특징지어지는 트로브리안드인들의 "균형 있는 사회"로 어린이들이 통합될 수 있도록 만들기 위해 어떻게 지침이 제공되는지를 자세히 살피기 전에 민족지학적 연구를 수행한다.

4.   correspondence 서신
     associations 협력
     enthusiasm 열정
     proposals 제안
     progress 진행
     proposals 제안
     significance 중요한 것

First throughout the early 1660s, Evelyn corresponded with John Beale, a native of Herefordshire most famous (somewhat unjustly) because he was associated with the Hartlib circle and he was enthusiastic for cider, and who had been badgering the Royal Society to adopt what he was proposing for a mnemonicuniversal character. Beale kept Evelyn informed of how his scheme was progressing, and tried to enlist him - unsuccessfully, it would seem - as an advocate for what he was proposing within the Royal Society. However, the most significant details are found in Evelyn's rigorously ordered commonplace books.

첫째로, 1660년대 초반 전반에 걸쳐, 에블린은 하트리브 서클과 관련되어 있고, 그가 사과주에 매우 열정적이었기 때문에, 헤리퍼드셔 출신의 최고 유명 인사인 존 빌과 연락을 주고받았고 (부당하게), 그는 영국왕립협회에 연상-보편 문자에 대한 그의 제안을 채택하도록 요구했다. 빌은 에블린이 그의 계획이 어떻게 진행되어 가는지 알게 했고, - 성공적이어 보이지 않았지만 - 왕립학회 내에서 그의 제안을 옹호해 달라고 협조를 구했다. 하지만, 가장 중요한 것들은 에블린이 엄격하게 선별하여 주문한 아주 흔한 책들에서 발견되었다.

5. charges 혐의
    investigation 조사
    existence 존재
    campaign 캠페인
    lobbying 로비
    payments 지불

Special counsel Robert Mueller is investigating things and has charged some people. This gives details of a group of Europeans which exists and is known as the "Hapsburg Group", led by a "former European chancellor" who were allegedly paid by Paul Manafort, who was manager for Donald Trump while he was campaigning. They were paid so that they should lobby on behalf of the Russians. Justice department filings - which were filed retroactively - indicate that it was the former Austrian chancellor, Alfred Gusenbauer, who went to meet US congressmen in 2013. At the time that they were allegedly paid in 2012 and 2013, Manafort was working on behalf of the then Ukrainian president, Viktor Yanukovych and his proMoscow Party of Regions.

로버트 뮬러 특별 검사는 조사를 하고 있으며 일부 사람들을 기소했다. 이는 실재하며, "합스부르크 그룹"으로 알려진, 도날드 트럼프의 캠페인 당시 선거관리자였던 폴 마나포트에게 돈을 받을 것으로 진술된 "전 유럽 총리"가 이끄는 유럽인 그룹에 대한 세부 사항을 알렸다. 그들은 러시아인들을 대신해 로비를 하기 위해 돈을 받았다. 소급하여 제출된 법무부 서류는 2013년 미국 국회의원을 만나러 간 사람이 전 오스트리아 총리 알프레드 구젠바우어임을 나타낸다. 돈을 받은 것으로 알려진 2012년과 2013년에 당시에 마나포트는 우크라이나 대통령 빅토르 야누코비치를 대신하여, 그의 친모스크바 지역당을 위해 일하고 있었다.

08

맥락 속 텍스트: 장르와 사용역

언어는 사물이 아니며, 개체도 아니다. 언어는 누군가 한 명 이상의 타인과 의사소통할 때 성립된다. 언어는 진공 상태에 있지 않고 특정한 시간과 장소에서 발생한다. 그리고 실제로 생산되는 언어와 텍스트는 그것이 생산되는 시간과 장소에 아주 많이 의존한다. 이 모든 것이 긴밀하게 연결되어 있다. 텍스트가 생성되는 시간과 장소는 텍스트의 즉각적인 맥락 일부로, 보다 넓은 의미의 맥락인 "장르(genre)"와 구별하기 위해 대개 "사용역(register)"이라고 불린다. 일반적으로, 우리는 텍스트를 맥락의 산물이라고 말할 수 있으며, 텍스트는 여러 방식으로 맥락에 의해 결정된다. 그래서 맥락은 텍스트의 생산에 있어 원인을 제공하는 역할을 가진다. 그러나 일단 텍스트가 생산되면, 그것은 다시 맥락의 일부를 형성하므로, 텍스트는 텍스트를 만든 맥락을 조정한다. 이것은 텍스트와 그 맥락 사이에 상호관계적인 창조와 조정의 지속적인 양방향의 처리가 이루어짐을 의미한다.

우리가 텍스트에서 세 가지 대기능을 구별할 수 있었던 것처럼, 사용역 또한 세 가지의 기호학적 기능의 관점으로 보여질 수 있다. 더욱이 텍스트의 대기능은 사용역의 기호학적 기능과 직접적으로 관련되어 있다. 관념적 대기능과 관련된 "장(field)", 대인적 대기능과 관련된 "관계(tenor)", 텍스트적 대기능과 관련된 "양식(mode)"이 그것이다.

장(field)은 하나의 텍스트가 다른 텍스트 내용의 일부가 되거나 포함되는 지속적인 활동이다. 언어가 꽤 중요하지 않은 활동도 일부 있으며, 언어 사용이 거의 없이 일어나는 활동도 있다. 크리켓 경기는 언어를 거의 필요로 하지 않는다. 경기에서 의사소통의 많은 부분은 언어가 아니라, 심판이 손가락을 드는 것 같은 상징들이며, 심지어 "How's that!(어떠냐!)"이라는 주장조차도 몸짓으로 대체될 수 있다. 반면 정치 집회는 언어가 주요하고, 필수적인 절차의 일부인 활동이다. 이 활동의 핵심은 연설자의 연설로, 연설이 없다면 정치적 집회는 상상하기 힘들 것이다. 말하자면, 언어가 없는 정치 집회란 거의 모순에 가깝다!

　관계(tenor)는 수신자가 발화자와 맺는 관계와 관련된다. 이것은 "언어적"일 수도 "사회적"일 수도 있다. 언어적 역할은 수행되고 있는 화행(speech act)의 종류에 따라 달라진다. 발화자는 질문하는 사람, 답하는 사람, 정보를 제공하는 사람, 위협하는 사람, 약속을 하는 사람, 감사를 전하는 사람, 축하하는 사람 등이 될 수 있다. 발화자가 취하는 역할의 종류에 따라, 발화자는 그의 수신자에게 어떤 역할을 부여하거나 부여하려고 시도할 수 있다. 발화자가 질문하는 사람의 역할을 맡을 경우, 그는 수신자에게 잠재적으로 답을 하는 사람으로서의 역할을 부여하는데, 물론 수신자는 이 역할을 취하기를 거부할 수도 있다. 발화자가 약속을 하는 사람이라면 수신자는 약속을 받는 사람이 된다. 화행과 관련된 이러한 사회적 역할은 발화자와 수신자 사이의 상대적인 사회관계에 달려 있다. 전형적인 관계로는 가게 주인-고객, 의사-환자, 교사-학습자, 상사-직원, 친구-친구 등이 있다. 그러나 어떤 맥락들은 비교적 단순한 일대일 상황보다 훨씬 더 복잡한 일련의 관계를 가지고 있다. 예를 들어, 일부 텔레비전 프로그램에서는 정치인이 한 명 이상의 기자와 인터뷰를 하기도 하고, 초대된 관객들이 끼어들어 발언을 하고, 시청자들은 전화, 이메일 또는 SMS로 메시지와 질문을 보내기도 한다. 정치인이 언론인, 스튜디오 방청객, 텔레비전 시청자들과 맺는 관계는 저마다 다르다. 그리고 그가 어떤 질문에 대답했을 때, 그는 질문한 한 사람만 만족시켜야 하는 것이 아니라, 세 종류의 수신자 모두를 만족시켜야 한다.

우리는 또한 그의 궁극적인 목표가 일반 대중 전체를 설득하는 것이라고 가정할 수도 있다.

양식(mode)은 메시지를 전달하는 데 사용되는 수단이다. 기본적으로 이것은 문어나 구어 중 하나를 의미한다. 그러나 많은 텍스트는 이 단순한 이분법 이상으로, 복잡한 양식을 갖는다. 연극 텍스트는 표면적으로는 문어 텍스트이지만, 극에 출연하는 배우들이 직접 대중에게 읽어 주는 것이다.[23) 물론 연극을 문학 작품의 일부로 보는 특정한 맥락에서 사람들이 텍스트를 읽지 못하는 것은 아니다. 그럼에도 불구하고 극작가의 의도는 사람들이 그의 텍스트를 들어야 한다는 것이므로, 그것은 말을 하기 위해 쓰인 텍스트이며, 나아가 자연스러운 발화처럼 들려야 한다(노래 형식의 연극 같은 일부 예외도 존재). 대부분의 정치 연설도 이런 종류라 할 수 있다. 변호사가 고인의 유언장을 법적 상속자들에게 읽어줄 때, 그들은 음성으로 전달되는 텍스트를 듣는다. 그러나 실제로 유언장은 종이에 쓰어 있는 것이며, 청자들은 글로 쓰인 텍스트가 음성으로 실현된 것을 듣는 것이다. 아마도 교회에서 성경을 읽는 것 또한 마찬가지일 것이다. 텍스트라고 하면 다 읽어야 하는 텍스트라고 생각되기도 하지만, 일부 문어 텍스트는 처음부터 끝까지 선형적으로 읽히는 것을 의도하지 않는다. 정보를 얻기 위해 찾아보는, 백과사전이나 전화번호부와 같은 전형적인 유형이 여기에 속한다.

테니스 경기 규칙 텍스트를 가정해 보자. 장은 테니스 경기를 하는 곳이며, 테니스 기관이다. 관계는 규정을 제정하는 스포츠의 운영 조직과 그 스

---

23) [역주] 여기서 텍스트는 '문어(혹은 글)'로서의 텍스트를 의미하지 않는다. 이관규 외 (2021: 215)에서 밝히고 있는바 체계기능언어학에서 텍스트는 사례화의 연속체의 한 끝 단에 있는 '사례(instance)'를 가리키는 것으로, 언어적 체계가 실제로 구현된 낱낱의 의사소통 사례를 의미한다. 보다 근본적으로 '텍스트'는 기호학적 개념으로 '언어'에만 국한되는 것이 아니라 이미지나 영상, 수어(手語) 등 의미를 전달하는 일체의 기호에 대해서도 사용되는 개념이다.

따라서 체계기능언어학에 근거한 담화 분석은 그림책을 대상으로 하거나, 영상 매체를 대상으로 이루어지기도 한다. 그림책이나 영상물을 대상으로 한 체계기능언어학의 분석은 Macken-Horarik(2017: 242-279)을 참고할 수 있으며, 국내 연구로는 그림책을 대상으로 한 성승은(2016)을 참고할 수 있다.

포츠에 참여하는 선수들과 임원들 사이의 관계이다. 양식은 읽히기 위해서 쓰인 문서들이나, 대개의 경우 선형적으로 읽히지 않는다.

다음 2016년 케임브리지의 처칠 대학의 기금 모금 홍보 전단에서 가져온 발췌문을 살펴보자.

The generosity of Churchill's supporters makes studying here a possibility for students who may otherwise never realise their full potential.

Your support helps to cover course fees, as well as certain living expenses for those who need them. We believe that access to a Cambridge education should be based on potential and talent, not on financial capability. Today's students, however, do not have ready access to the state funding afforded to earlier Churchill alumni.

- Churchill was identified as the highest-achieving Oxbridge College in respect of state sector admissions in the most recent Social Mobility and Child Poverty Commissions' annual report.
- Around 340 students receive some kind of financial support from the College each year.
- The biggest barrier to access at graduate level is financial − particularly for Arts and Humanities subjects.

Why are we approaching you?

As a former student at Churchill College, you have lived our values and seen what is possible. We would like to invite you to help replicate that experience for someone else. Your support could play a key role in introducing the next great architect, engineer, software developer, historian, doctor, business leader or scientist to the world.

처칠 후원자들의 아낌없는 마음은 어쩌면 그들의 충분한 잠재력을 깨닫지 못했을 학생들이 가능성을 확인할 수 있도록 해줍니다.

당신의 기부금은 수강료뿐만 아니라 필요한 학생들에게 생활비를 보조해 주기도 합니다. 우리는 케임브리지에서 교육을 받는 일이 재정적인 능력이 아니라 잠재력과 재능에 기초해야 한다고 믿습니다. 그러나 오늘날의 학생들은 예전 처칠 동문들이 이용할 수 있었던 국가 기금을 이용할 수 없습니다.

- 최근 처칠은 옥스브리지 대학의 사회 이동성 및 아동 빈곤 위원회 연례 보고서에서 주 부문 입학과 관련하여 가장 높은 평가를 받았습니다.
- 약 340명의 학생들이 매년 대학으로부터 일정한 재정 지원을 받습니다.
- 대학원 수준에서 교육을 받는 데 있어 가장 큰 장벽은 경제적인 것입니다. 특히 예술과 인문 과목의 경우 그렇습니다.

우리가 왜 여러분께 연락을 드리게 되었을까요?

처칠 대학 졸업생으로서 여러분은 우리의 가치관 속에서 살아 보았고 무엇이 가능한지를 보았습니다. 우리는 다른 사람들도 여러분이 한 경험을 할 수 있도록 돕는 일에 여러분을 모시고 싶었습니다. 여러분들의 도움으로 미래의 위대한 건축가, 엔지니어, 소프트웨어 개발자, 역사학자, 의사, 사업가 또는 과학자들이 이 세계에 들어올 수 있을 것입니다.

이 텍스트는 기금을 모금하는 글이라는 일반적인 범주에 속한다. 구체적인 목표는 케임브리지 처칠 대학의 재정 지원이 필요한 학생들을 위한 기부금을 모으는 것이다. 이것이 이 텍스트의 장을 구성한다. 관계는 처칠 대학의 (위의 글을 생산한) 개발처와 해당 대학 졸업생의 관계이다. 대학은 재정 기부를 요청하는 역할을 맡고, 독자들은 실제로 기부를 할 수도 있고 그렇지 않을 수도 있지만, 잠재적으로 기부자가 된다. 양식은 소리 내지 않고, 선형적으로 읽도록 의도된 문서이다.

요약

- 사용역은 장, 관계, 양식이라는 세 가지 기능을 갖는다.
- 장은 해당 담화를 포함하여, 진행되고 있는 활동이다.
- 관계는 발화자와 수신자의 관계에 관한 것이다.
- 양식은 기본적으로 구어 또는 문어로 이루어지는 의사소통의 경로이다.

활동 및 연습

1. 지역 신문(*Cambridge News*, 2016년 4월 21일자)에서 가져온 다음 텍스트의 유형을 확인하고, 장, 관계, 양식으로 분류해 보자.

David Moore made the most of being employed as a striker as he rounded off Fenstanton's 4-2 victory over Isleham United in Newmarket Motor Company League, Division 2B.

Moore normally lines up in defence, but he was used up front due to a lack of forward options and scored the goal of the match from 20 yards out.

The hosts took just two minutes to go ahead through Tom Cody after good work from Ben Hall, before leading marksman Hall smashed it in himself before half time.

Isleham pulled a goal back after the restart before Hall struck again from Salv Merola's cross, and Moore then notched to make the visitors' second strike nothing more than a consolation.

신시장리그(NMCL) 2B부에서 펜스타톤이 IU에게 4-2로 완승을 거두면서, 데이비드 무어는 공격수로서 최고의 성과를 만들었다.

무어는 보통 수비 라인에 섰지만 포워드 옵션의 부족으로 최전방에 투입되었고, 20야드 밖에서 골을 넣었다.

전반전, 벤 홀의 좋은 플레이 후에 톰 코디를 통과하는 데 단 2분이 걸렸지만, 간판 공격수 홀이 실책으로 이 기회를 놓쳤다.

IU는 경기 재개 후, 홀이 메로라의 크로스를 받기 전에 한 골을 만회하였고, 이후 무어는 원정팀의 두 번째 공격을 위로에 지나지 않게 만들었다.

2. 2018년에 작성된 다음 텍스트의 유형을 확인하고, 장, 관계, 양식으로 분류해 보자.

This paper will consider the extent to which the legislative style of sale of goods legislation in the UK has evolved from the 1893 Sale of Goods Act, through reforms in the 1970s and 1990s, to the recent Consumer Rights Act 2015. It will describe and analyse the very apparent evolution in legislative style of the different texts and consider the reasons for this evolution. With a focus on the legislative provisions relating to the quality of goods, the study reveals a progressive "easification" (Bhatia 2010; Pennisi 2016) rather than a simplification of the legislation through the gradual incorporation of various techniques favoured by the Plain Language Movement. The paper will argue that the easification process has resulted in a text which remains targeted at the professional reader rather than at the general public or the "ordinary citizen" whilst the task of simplifying the legislative rules for the consumer has been assumed by an independent consumer rights charity.

본고는 영국의 상품 판매 입법 유형이 1893년의 상품 판매법으로부터 1970년대와 1990년대에 개정을 거쳐 2015년 소비자 권리법으로 발전한 과정을 검토한다. 여러 텍스트에 나타난 입법 유형의 발전 과정을 매우 명백하게 설명하고 분석하며, 이러한 진화의 이유를 고려할 것이다. 이 연구는 상품의 품질에 관한 법률 조항에 초점을 맞추어, 법률의 간소화가 아닌 쉬운 언어 운동이 선호하는 다양한 기술을 점진적으로 도입하는 점진적인 "쉽게 만들기"(Bhatia 2010; Pennisi 2016)가 무엇인지 밝힌다. 이 논문은 소비자 입법 규칙을 단순화하는 작업은 독립적인 소비자 권리 자선 단체에 의해 수행되었던 반면, '쉽게 만들기'의 과정은 일반 대중이나 "보통 시민"이 아닌 고급 독자를 위한 텍스트라는 결과를 초래하였다고 주장할 것이다.

3. 2017년 11월 온라인상에서 가져온 다음 텍스트의 유형을 확인하고, 장, 관계, 양식으로 분류해 보자.

Against the Grain Poetry Press, started 2017, submissions window June/July, 3 titles per year: https://againstthegrainpoetrypress.wordpress.com.

Against the Grain Poetry Press, 2017년 창간, 6월과 7월에 투고 가능, 연 3회 발행: https://againstthegrainpoetrypress.wordpress.com.

Bad Press: Bad Chapbooks series, http://badpress.tumblr.com/.

Barque Press: Non-conformist poetry and Quid magazine.

Barque Press: Non-conformist poetry 그리고 Quid magazine.

Blackheath Books: www.blackheathbooks.org.uk.

The Black Light Engine Room. [theblacklightengineroom.wordpress.com] Publishes magazine of same name twice a year, and regular chapbooks of poets featured therein. Monthly live event in Middlesbrough. theblacklightenginedriver@hotmail.co.uk for info.

The Black Light Engine Room. [theblacklightengineroom.wordpress.com] 연간 2회 발행, 간행물에서 주목받는 시들에 대한 정규 소책자 발행. Middlesbrough에서 매월 라이브 이벤트 진행: theblacklightenginedriver@hotmail.co.uk로 문의.

Burning Eye Books: https://burningeyebooks.wordpress.com/ specialises in spoken word, submissions windows advertised on website.

Burning Eye Books: https://burningeyebooks.wordpress.com/ 구어를 전문으로 함, 투고는 웹사이트를 통함.

Calder Wood Press: www.calderwoodpress.co.uk, 1 Beachmont Court, Dunbar, East Lothian, EH42 1YF.

Candlestick Press: 21 Devonshire Avenue, Beeston, Nottingham NG9 lBS, www.candlestickpress.co.uk.

Cinnamon Press: https://www.cinnamonpress.comfindex.php/ competitions/ poetry-pamphlet-prize.

Clutag Press: PO Box 154, Thame, OX9 3RQ www.clutagpress.com.

Crystal Clear Creators: www.crystalclearcreators.org.uk, based at De Montfort University Leicester. Membership required to be eligible for publications, but this is inexpensive-see website. Last publications 2011/12.

Crystal Clear Creators: www.crystalclearcreators.org.uk, De Montfort University 기반. 발행을 위해서는 회원 가입이 필요하나, 가입비가 높지 않음 - 웹사이트를 확인할 것. 최근 발행 일자는 2011년 12월.

Crater Press: http://www.craterpress.co.uk/.

4. 2012년 8월에 작성된 문서에서 가져온 다음 발췌문의 유형을 확인하고, 장, 관계, 양식으로 분류해 보자.

1) (a) This agreement incorporates the Standard Conditions of Sale (fifth Edition). Where there is a conflict between those conditions and this Agreement, this Agreement prevails.

   (b) Terms used or defined in this Agreement have the same meaning when used in the Conditions.

2) The Property is sold subject to the incumbrances on the Property and the Buyer will raise no requisition on them.

3) Subject to the terms of this Agreement and to the Standard Conditions of Sale, the Seller is to transfer the Property with the title guarantee specified on the front page.

4) The contents on the attached inventory are included in the sale price and the Seller warrants that such items are his own unencumbered property and the Buyer is to pay the contents price for them (if appropriate).

5) The Property is sold with vacant possession on completion.

1) (a) 본 계약은 판매 조건 규범(5판)을 준수합니다. 조건 규범의 내용과 계약서의 동의 사항 사이에 차이가 있는 경우에는 본 계약서상의 동

의 사항이 우선합니다.

(b) 본 계약에 사용되거나 정의된 용어는 조건 규범에서 사용된 것과 동일한 의미를 가집니다.

2) 해당 재산은 부채를 포함하여 판매되며 구매자는 이에 대해 어떠한 요구도 제기하지 않습니다.

3) 본 계약서상의 동의 사항과 판매 조건 규범에 따라 판매자는 1면에 명시된 소유권 보증과 함께 부동산을 양도합니다.

4) 첨부된 목록의 품목은 판매 가격에 포함되며, 판매자는 그러한 물건들이 자신의 재산임을 보증하고 구매자는 그 품목에 대한 가격을 지불합니다 (적절한 경우).

5) 해당 재산은 건물을 모두 비운 상태로 판매가 완료됩니다.

5. 다음 유형의 문서들을 찾아, 장, 관계, 양식으로 분류해 보자.

a. An article in a women's magazine about make-up.
   여성 잡지에 실린 화장에 대한 기사

b. A User's guide for a mobile phone(paper or on-line).
   휴대 전화 사용자 가이드(종이 또는 온라인)

c. A letter from your bank.
   은행에서 온 서신

d. A recipe for making a cake(paper or on-line).
   케이크 레시피(종이 또는 온라인)

활동 및 연습 풀이

1. 이 텍스트는 지역 신문에 실린 축구 경기 보도이다.

- 장: 축구 경기와 신문 구독자들에게 흥미를 주기 위한 경기 결과 보도.
- 관계: 스포츠 보도를 전문으로 하는 기자들과 신문을 읽는 대중들 사이의 의사소통, 여기서 대중을 더욱 구체적으로 이야기하면, 이 텍스트를 읽을 사람들은 아마도 축구에 관심을 가지고 있는 사람들뿐일 것이므로 축구에 관심을 가지고 있는 사람들임. 수신자가 대답할 수 있는 수단이 없다는 점에서 의사소통의 유형은 독백적.
- 양식: 소리 내지 않고 선형적으로 읽도록 의도된 문어.

2. 이 텍스트는 학술대회 발표문의 초록에서 발췌한 것이다.
- 장: 언어학자, 보다 구체적으로는 특수 목적의 언어에 대한 언어학자들의 학술 대회. 법률 언어에 대한 발표를 이후에 요약한 텍스트.
- 관계: 발표문의 발표자와 해당 발표의 잠재적 참석자 사이의 의사소통. 초록은 발표문의 내용에 대한 정보를 담고 있으며, 동시에 독자들이 발표에 참석하도록 설득하고 있음. 독자들은 직접적으로 답변을 할 수 있는 수단은 없지만, 학술대회의 형식에 따라 답을 할 수 있는 기회를 얻을 수도 있음.
- 양식: 소리 내지 않고 선형적으로 읽도록 의도된 문어.

3. 이 텍스트는 시 출판사 목록을 발췌한 것이다.
- 장: 시와 시 출판. 보다 구체적으로는, 특히 시 출판과 관련된 출판사의 이름과, 연락을 취할 수 있는 방법에 대한 세부 정보 및 다른 관련 정보.
- 관계: 이 텍스트는 정보 제공자에 의해 인터넷에 게시된 것으로, 아마도 출판사에 연락을 취하고자 하는 시인들이나 시의 독자들에게 읽힐 듯함.
- 양식: 문어, 기본적으로는 디지털 형식으로 이용 가능, 이후에는 프린트할 수 있음. 소리 내지 않고 읽도록 의도되었음. 꼭 선형적으로 읽는 것이 필수적이지는 않음.

4. 이 텍스트는 주택 매매 계약서에서 발췌한 것이다.

- 장: 부동산 매매, 부동산 매매와 관련된 법적 조항.
- 관계: 이 텍스트는 법적으로 양도인 역할을 하는 사람에 의해 생산됨. 부동산 판매자와 구매자 사이의 법적 관계를 설명하고, 설정함. 또한 나중에 (특히 법적으로 의견 충돌이 있는 경우) 이 법적 관계에 관련된 모든 사람에게도 보내질 수 있음.
- 양식: 문어, 소리 내지 않고 읽도록 의도됨. 이 발췌문은 선형적으로 읽히지만, 이 발췌문을 가져온 문서의 일부는 선형적으로 읽히지 않을 수 있음. 이 문서는 거래의 법적 기록으로 사용될 수 있도록 기록 및 보관되도록 만들어졌으며, 필요에 따라 향후 법적 절차에 사용될 수 있음.

09

결론: 도약을 위한 발판

이 책은 의도적으로 간략하게 쓰인 책이다. 나는 이 책을 통해 체계기능언어학이 언어를 연구하는 데 있어 흥미로운 동시에 힘 있는 접근법이라는 사실을 보이고자 했다. 그 과정에서 이 이론이 어떻게 실재 언어를 분석하는 데 사용될 수 있는지를 설명하고자 실제 텍스트들을 사용했다. 이러한 방식이 한편으로는 체계기능언어학이 텍스트 분석을 위한 도구에 지나지 않는다는 인상을 줄 수도 있을 것이다. 하지만 그것은 전혀 사실이 아니다. 텍스트 분석은 이 책에서 체계기능언어학에 익숙하지 않은 사람들에게 체계기능언어학적 접근법을 소개할 목적으로 사용된 것이며, 체계기능언어학은 언어 기술, 언어 교수(제1언어 및 외국어), 특수 목적의 언어, 역사적이고 통시적 언어 연구, 언어 병리학, 법의학적 언어학, 번역학, 전산 언어학 등의 분야에서도 광범위하게 사용되어 왔다.

이 책에서 우리는 영어의 구조적 요소들이 어떻게 함께 기능하여 어휘문법(lexicogrammar)을 형성하는지 살펴보았다. 우리는 절의 의미가 어떻게 세 개의 연속체(strata)를 가지는지도 알아보았는데 관념적 대기능은 세계를 표현하며, 대인적 대기능은 우리의 메시지와 우리가 의사소통하는 사람들 사이의 관계를 표현하고, 텍스트적 대기능은 우리가 메시지를 구성할 수 있게 한다. 또 우리는 언어가 고립적으로 다루어질 수 없으며, 언어의 맥락이 중요한 역할을 하고 있음을 확인하였다. 그리고 맥락은 장(field), 관계(tenor),

양식(mode) 측면에서 연구될 수 있었다. 우리는 문법적 은유가 텍스트를 형성하는 데 어떻게 사용될 수 있는지를 알아보았고, 텍스트의 주관적인 요소들을 끌어내기 위해 평가어(appraisal)가 어떻게 사용될 수 있는지를 보았다.

이 접근법은 특히 왜 언어가 사회적 현상인지를 보여준다. 우리가 의사소통하기 위해 사용하는 언어는 어떤 추상적인 개체가 아니다. 그것은 인간 생활 및 의사소통 방식과 밀접하게 연관되어 있는 것으로, 그러한 의사소통으로부터 분리될 수 없다. 의사소통은 오직 사회 속에서 이루어지므로, 이러한 관점에서 언어는 근본적으로 인간적이며 사회적인 것이다.

앞서 언급한바, 이 책은 의도적으로 간략하게 쓰였다. 따라서 여기서 다루지 못한 이야기들이 많이 남아 있으며, 다루지 않은 다른 복잡한 문제들도 많다. 그럼에도 불구하고, 이 주제에 익숙하지 않은 학생들과 다른 접근법에 더 익숙한 언어학자들에게 체계기능언어학 이론에 대한 통찰을 주었으면 한다. 그러나 책이 매우 간략하고, 처음으로 접해 보는 것이니 만큼, 나는 독자들이 이 책을 이것 자체로 끝내지 않고, 체계기능언어학의 보다 폭넓은 논의로 나아갈 수 있는 발판으로 사용할 수 있기를 희망한다. 다음의 더 읽을거리 목록이 이러한 노력에 도움이 되기를 바란다. 그러므로 나는 이 장이 이 자체로 끝나는 것이 아니라, 그저 시작점의 끝이라고 생각하고 싶다!

언어는 마음을 사로잡는 흥미로운 연구 주제이다. 내가 언어에 대해서 느끼는 매력의 일부를 소통하는 데 성공했기를 바란다.

더 읽을거리

이 책은 아주 간략한 개론서이다. 이 책의 독자들이 체계기능언어학에 대한 보다 풍부한 설명으로 나아가기를 바라며, 이 매력적인 언어 접근법에 대해 보다 깊이 있게 이해하고 싶은 이들이 있다면, 다음의 저서들을 추천하고 싶다.

개론서로 쓰인 많은 책들이 있다. 이 책만큼 간결하지는 않지만, 보다 깊은 내용으로 나아가고자 하는 이들에게 가교의 역할을 해줄 수 있을 것이다.

Bloor, Thomas & Meriel Bloor (2013): *The Functional Analysis of English: A Hallidayan approach*, 3rd edn., London, Arnold.

Eggins, Suzanne (1994): *An Introduction to Systemic Functional Linguistics*, London, Pinter.

Lock, Graham (1996): *Functional English Grammar: An introduction for second language teachers*, Cambridge, Cambridge University Press.

Thompson, Geoff (2014): *Introducing Functional Grammar*, 3rd edn., London, Arnold.

프랑스어를 쓰는 사람을 위한 책도 있다.

Banks, David (2005): *Introduction a la linguistique systemique fonctionnelle de l'anglais*, Paris, L'Harmattan.

훨씬 오래 전에 쓰인 개론서(작은 두 권으로 쓰임)도 있다. 누군가는 너무 오래된 책이라고 하겠지만, 내가 생각하기에는 여전히 이야기될 만한 부분들이 많이 있다. 아래의 두 책은 1991년에 Department of English Studies at the University of Nottingham을 통해 재인쇄되었다.

Berry, Margaret (1975): *Introduction to Systemic Linguistics: Vol. 1*

Structure and Systems, London, Batsford.

Berry, Margaret (1977): *Introduction to Systemic Linguistics: Vol. 2 Levels and Links*, London, Batsford.

활동을 포함하고 있는, 학생들을 위한 책들도 일부 있다.

Downing, Angela & Philip Locke (2006): *English Grammar: A university course*, Abingdon, Routledge.

Martin, J. R., Christian M.I.M. Matthiessen & Clare Painter (1997): *Working with Functional Grammar*, London, Arnold.

그러나 체계기능언어학의 가장 근본이 되는 책은 *Halliday's Introduction to Functional Grammar*이다. 1984년에 최초로 출판되었으나, 몇 차례 개정을 거쳤고, 가장 최신본은 2014년에 출간된 4번째 개정판이다.

Halliday, M.A.K. (revised by Christian M.I.M. Matthiessen) (2014): *Halliday's Introduction to Functional Grammar*, 4th edn., Abingdon, Routledge.

할리데이는 이외에도 많은 저서들을 때로는 혼자서, 때로는 다른 저자들과 함께 집필하였다. 절대 쉬운 책들이라고 할 수 없지만, 매우 흥미로운 책들이며, 고전이 된 책들이다. 그들 중 일부를 보이면 다음과 같다.

Halliday, M.A.K. (1973): *Explorations in the Functions of Language*, London, Arnold.

Halliday, M.A.K. (1975): *Learning how to Mean: Explorations in the development of language*, London, Arnold.

Halliday, M.A.K. (1978): *Language as Social Semiotic: The social interpretation of language and meaning*, London, Arnold.

Halliday, M.A.K. (1989): *Spoken and Written Language*, 2nd edn., Oxford, Oxford University Press.

Halliday, M.A.K. &].R. Martin (1993): *Writing Science: Literacy and discursive power*, London, Falmer Press.

Halliday, M.A.K. & Christian M.I.M. Matthiessen (1999): *Construing Experience through Meaning: A language-based approach to cog-*

nition, London, Cassell.

Halliday, M.A.K. & William S. Greaves (2008): *Intonation in the Grammar of English*, London, Equinox.

Halliday, M.A.K. & Jonathan]. Webster (2014): *Text Linguistics: The how and why of meaning*, Sheffield, Equinox.

할리데이는 저널에 출판된 논문들이나, 편집 저서의 개별 장(章)들도 많이 집필했다. 현재 이런 글들을 모아 Collected Works by Bloomsbury Publishing로 출판하였으며, 현재 11권까지 발간되었다.

다음은 체계기능언어학 용어에 대한 정의와 설명을 담고 있는 유용한 책이다.

Matthiessen, Christian M.I.M., Kazuhiro Teruya & Marvin Lam (2010): *Key Terms in Systemic Functional Linguistics*, London, Continuum.

보다 구체적인 주제들을 다룬 여러 저서들로는 다음을 들 수 있다.

Cummings, Michael (2010): *An Introduction to the Grammar of Old English: A systemic functional approach*, London, Equinox.

Lewin, Beverly A., Jonathan Fine & Lynne Young (2001): *Expository Discourse: A genre-based approach to social science research texts*, London, Continuum.

Martin, J.R. & P.R.R. White (2005): *The Language of Evaluation: Appraisal in English*, Basingstoke, Palgrave Macmillan.

Martin, J.R. & David Rose (2008): *Genre Relations: Mapping culture*, London, Equinox.

Morley, G. David (2000): *Syntax in Functional Grammar: An introduction to lexicogrammar in systemic linguistics*, London, Continuum.

O' Halloran, Kay L. (2005): *Mathematical Discourse: Language, symbolism and visual images*, London, Continuum.

Tench, Paul (1996): *The Intonation Systems of English*, London, Cassell.

Tucker, Gordon H. (1998): *The Lexicogrammar of Adjectives: A systemic functional approach to lexis*, London, Cassell.

마지막으로, 다음은 다양한 주제들의 여러 논문들을 작게 묶은 것들이다.

Banks, David (ed.) (2004): *Text and Texture: Systemic functional viewpoints on the nature and structure of text,* Paris, L'Harmattan.

Bartlett, Tom & Gerard O'Grady (eds.) (2017): *The Routledge Handbook of Systemic Functional Linguistics,* Abingdon, Routledge.

Bowcher, Wendy 1. & Bradley A. Smith (eds.) (2014): *Systemic Phonology: Recent studies in English,* Sheffield, Equinox.

Fontaine, Lise, Tom Bartlett & Gerard O'Grady (eds.) (2013): *Systemic Functional Linguistics: Exploring choices,* Cambridge, Cambridge University Press.

Fries, Peter H., Michael Cummings, David Lockwood & William Spruiell (eds.)*(2002): Relations and Functions within and around Language,* London, Continuum.

Ghadessy, Mohsen (ed.) (1988): *Registers of Written English: Situational factors and linguistic features,* London, Pinter.

Hasan, Ruqaiya & Peter H. Fries (eds.) (1995): *On Subject and Theme: A discourse functional perspective,* Amsterdam, John Benjamins.

Hasan, Ruqaiya, Christian M.I.M. Matthiessen & Jonathan J. Webster (eds.) *(2007): Continuing Discourse on Language: A functional perspective,* 2 vols., London, Equinox.

Martin, J.R. & Robert Veel (eds.) (1998): *Reading Science: Critical and functional perspectives on discourses of science,* London, Routledge.

Miller, Donna R. & Paul Bayley (eds.) (2016): *Hybridity in Systemic Functional Linguistics: Grammar, text and discursive context,* Sheffield, Equinox.

Neumann, Stella, Rebekah Wegener, Jennifer Fest, Paula Niemietz & Nicole Hutzen (eds.) (2017): *Challenging Boundaries in Linguistics: Systemic functional perspectives,* Frankfurt, Peter Lang.

역주 참고문헌

맹강(2018), 중국인 한국어 학습자의 논증적 글쓰기 교육 연구: '개입'을 중심으로, 서울대학교 박사학위논문.

맹승호·신명환·차현정·함석진·신현정·김찬종(2010), 지구과학 논문의 언어 특성 이해: 레지스터 분석, **한국지구과학회지** 31(7), 한국지구과학회, 785-797.

성승은(2016), 글과 그림의 서사: 체계기능언어학으로 본 '확장' 그림책 번역, **번역학연구** 17(1), 한국번역학회, 55-80.

소지영·주세형(2017), 과학 교과서의 '문법적 은유'를 중심으로 본 국어과의 도구 교과적 본질 탐색, **국어교육연구** 39, 서울대학교 국어교육연구소, 119-158.

신희성(2019), 텍스트의 대인적 기능에 대한 문법교육적 연구: 언어하기 관점을 바탕으로, 고려대학교 박사학위논문.

오미라(2008), 운율과 정보구조: 한국어 초점과 주제의 음성적 실현, **음성과학** 15(2), 한국음성학회, 7-19.

이관규·김서경·노하늘·성수진·신희성·유상미·이현주·정려란·정지현·정혜현(2021), **체계기능언어학 개관**, 사회평론아카데미.

이관규·신희성(2020), 체계기능언어학적 텍스트 분석을 위한 동성 체계 기초 연구: 과정 유형을 중심으로, **한국어학** 87, 한국어학회, 91-130.

이창수(2009), 영어 관광안내서의 평가어 비교분석연구, **영미연구** 20, 한국외국어대학교 영미연구소, 187-205.

Eggins, S.(2004), *An introduction to systemic functional linguistics(2nd ed.)*, Bloomsbury Academic.

Halliday, M. A. K. & Matthiessen, C.(2004/2014), *An Introduction to Functional Grammar*, Routledge.

Martin, J. R. & White, P. R. R.(2005). *The Language of Evaluation: Appraisal in English*. New York: Palgrave Macmillan.

Jun, S.(2000), K-Tobi(Korean TobI) Labelling Conventions, *Speech science*,

7(1), pp.143-169.

Macken-Horarik, M., Love, K., Sandiford, C., & Unsworth, L. (2017), *Functional Grammatics: Re-conceptualizing knowledge about language and image for school English*, Routledge.

Martin, J. R. (1992), *English Text: System and Structure*, John Benjamins.

용어

아래는 체계기능언어학에서 사용되는 용어의 목록을 간단한 설명과 함께 보인 것이다. 이 목록에는 이 책에 등장하지 않은 단어도 일부 포함되어 있는데, '더 읽을 거리'에서 소개한 것과 같은 다른 책들에서 발견할 수 있는 용어들이다. 함께 제시한 것은 용어에 대한 간략한 설명으로 해당 용어에 대한 모든 설명이나 세부 사항이 포함되어 있지는 않다.

α-clause α-절	α-절은 절 복합체의 주절 또는 대등절이다.
Actor 행위자	행위자는 물질적 과정의 참여자이다. 의식적으로 과정을 일어나게 하는 참여자이다.
Adjunct 부가어	부가어의 주요 유형은 배경적 부가어이다. 절의 배경(장소, 시기, 수단 등)을 부여하는 성분이다. 다른 유형의 부가어로는 절을 텍스트의 나머지 부분과 연결하는 텍스트적 부가어와 화자의 태도를 나타내는 대인적 부가어가 있다.
Affect 정서	평가어에서, 정서란 감정과 느낌을 다루는 태도의 일부이다.
Affected 피영향자	피영향자는 과정에 의해 어떤 식으로든 조정되는 물질적 과정의 참여자이다.
Agent 동작주	동작주는 원인 요소이다. 행위자 또는 매개자일 수 있다.
Appraisal 평가어	평가어는 텍스트에서 화자가 나타내는 주관성의 흔적을 분석하기 위한 틀을 제공하려는 시도이다.
Appreciation 품평	평가어에서, 품평이란 화자가 사물을 평가하는 방식을 다루는 태도의 일부이다.

Attribute 속성	속성은 첫 번째 참여자인 보유자의 특성을 제공하는 속성 관계적 과정의 참여자이다.
Attributive relational process 속성 관계적 과정	속성 관계적 과정은 보유자라고 불리는 개체와 그것의 자질 혹은 특징 중 하나인 속성 사이의 관계를 진술한다.
Attitude 태도	태도는 화자의 느낌이 텍스트로 표현되는 방식을 다루는 평가어의 기능이다.
Auxiliary 조동사	조동사는 동사군의 구성 요소이며 동사 앞에 놓인다. 양태, 태 또는 상을 표현할 수 있다.
β-clause β-절	β-절은 위계 이동되지 않은 독립절이다.
Behaver 행동자	행동적 과정의 범주를 이용하는 언어학자들에게, 이 과정의 단일한 참여자는 행동자이다.
Behavioural process 행동적 과정	행동적 과정은 많은 언어학자들이 물질적 과정과 정신적 과정의 경계에 있다고 하는 과정을 나타내기 위해 사용하는 과정 유형이다.
Beneficiary 수혜자	수혜자는 물질적 과정의 참여자로, 과정의 수행 당하는 대상을 나타낸다.
Carrier 보유자	보유자는 속성 관계적 절의 참여자로, 어떤 속성으로 특징지어지는 참여자이다.
Classifier 분류사	분류사는 핵을 부류 또는 범주에 배치하는 수식어 유형이며, 일반적으로 등급으로서의 성격을 가지지 않는다.
Clause 절	절은 텍스트의 기본 단위이다. 이것은 서술어로 이루어지며, 하나 또는 두 개의 참여자(가끔 세 개) 그리고 배경을 가질 수 있다.
Clause complex 절 복합체	절 복합체는 둘 이상의 절로 구성된 단위이다. 다른 대부분의 언어학에서의 복합문이라 부르는 것에 상응한다.
Client 고객	고객은 일부 언어학자들에 의해 수혜자의 대안으로 사용된다.

Cohesion 결속성	결속성은 텍스트를 일관된 전체로 만드는 데 사용되는 언어 자원의 집합이다.
Collocation 연어	연어는 텍스트에서 두 개(또는 그 이상)의 단어가 동시에 발생하는 것을 나타낸다.
Comment adjunct 평가 부가어	평가 부가어는 화자의 태도를 표현하는 대인적 부가어이다.
Complement 보충어	보충어는 절의 주요 성분이다. 절의 두 번째 참여자이다.
Completive 전치사적 보충어	전치사적 보충어는 전치사 뒤에 오는 명사군의 문법적 기능으로, 전치사와 함께 전치사구를 구성한다.
Conflation 합성	합성은 두 개의 개별 항목이 결합된 것으로, 하나의 절에 대한 두 가지의 개별적인 분석이 보다 전체적인 그림을 제공하기 위해서 결합되는 것이다.
Congruent wording 일치 표현하기	일치 표현하기란 언어로 무언가를 부호화하거나 표현하는 가장 일반적인 방법이다.
Conjunction 접속사	접속사는 두 가지 언어적 요소를 연결하는 단어이다.
Conjunctive adjunct 접속적 부가어	접속적 부가어는 담화의 나머지 부분과 절을 연결하는 기능을 하는 부가어이다.
Context 맥락	맥락은 텍스트가 생성되는 사회적 상황을 가리킨다.
Contingency 가능성	가능성은 조건이나 양보를 표현하는 배경의 한 종류이다.
Deictic 직시어	직시어는 담화에서 다른 요소를 가리키는 단어이다.
Delicacy 구체성	구체성은 체계 네트워크 내에서 세부화된 세부 사항의 정도 또는 층위를 나타낸다.

Determiner 전치 수식어	전치 수식어는 핵을 식별하거나 구별하는 기능을 하는 명사군의 단어이다.
Disjunct 이접	이접은 화자의 태도를 나타내는 부가어의 한 종류이다.
Elaboration 상술	상술이란 절에 재진술, 명시, 예시를 추가하여 확장하는 방법이다.
Ellipsis 생략	생략은 주변 담화를 통해 이해될 수 있는 단어의 누락이다.
Embedded clause 내포된 절	내포된 절은 주절 또는 대등절이 아닌 절로 절 복합체의 일부를 형성한다.
Embedding 내포	내포는 절 복합체에 독립 기능을 가진 절을 삽입하는 것이다.
Enhancement 보강	보강이란 시간, 장소, 원인, 조건 등의 단서를 추가하여 절을 확장하는 방법이다.
Engagement 개입	개입은 화자가 자신의 메시지 내용을 자신의 것(단일 언성) 또는 다른 관점(다중 어성)과 관련하여 받아들이는 평가어 내의 범주이다.
Epithet 형용어	형용어는 명사군 내에 있는 수식어이다. 성질이나 상태를 나타내는 것으로 핵을 묘사하지만 분류하지는 않는다.
Ergativity 능격성	능격성은 절의 구조를 분석하는 방법으로, 동성에 대한 대안적인 방식이다. 능격성은 기본적으로 하나의 과정과 하나의 개체를 포함하는데, 그 개체는 과정 발생에 필수적인 것으로 매개라고 한다.
Event 사건	사건은 물리적인 성격의 발생으로, 물질적 과정의 한 종류이다.
Evoked 환기된	평가어에서 환기된 기능은 암시적인 기능이다.

Existent 존재자	존재자는 존재적 과정의 절에서 존재한다고 말해지는 개체이다.
Existential process 존재적 과정	존재적 과정은 개체의 존재를 진술하는 과정이다.
Expansion 확장	확장은 독립절을 추가하여 절을 상술, 연장, 보강하는 방법이다.
Experiencer 경험자	경험자는 때때로 정신적 과정을 경험하는 의식적인 개체에 대한 감지자의 대안으로 사용된다.
Experiential 경험적	경험적이란 관념적 대기능에 포함되는 것으로, 과정 그리고 과정과 관련된 참여자와 배경 사이의 관계를 다룬다.
Extension 연장	연장은 동사군 내에서 동사에 후행하는 단어로, 동사군의 의미 형성에 필수적인 부분이다.
Extent 규모	규모는 배경의 한 유형으로, 시간의 지속 또는 공간의 연장을 나타낸다.
Field 장	장은 사용역의 기능이다. 해당 담화를 일부로 포함하여 진행되고 있는 활동과 관련된다.
Finite 한정어	한정어란 동사군에 포함되는 것으로, 상이나 양태, 태, 서법을 나타내기 위해 사용된다.
Focalized 초점 정보	초점 정보는 어조군에 포함되는 것으로, 어조를 강조하여 전달한다. 흔히 신정보라 불린다.
Force 세기	세기는 물질적 과정의 참여자이다. 무의식적으로 과정을 일어나게 하는 참여자이다. 평가어에서, "세기"라는 용어는 어떤 것이 강하거나 약하다고 말하는 규모를 나타내는 강도의 유형에도 사용된다.
Functional 기능적	언어를 가리켜 기능적이라고 하는 것은 언어가 운용되는 방식을 가리키는 것이다. 언어 내적으로는 언어의 각 부분들이 함께 작용하여 의미를 만드는 방법을 가리키며, 언어 외적으로는 언어 자체가 사회 속에서 의미를 만드는 방법을 가리킨다.

Generic structure potential 장르적 구조 잠재	장르적 구조 잠재는 특정 상황에서 실현 가능한 일련의 구조들을 가리킨다.
Given 구정보	구정보는 정보 구조의 부문이다. 화자가 이미 자신의 청자에게 사용 가능한 것으로 제시하는 요소이다.
Goal 대상	대상은 피영향자에 대한 대안이다. 이 참여자는 과정에 의해 어떤 식으로든 변화된다.
Graduation 강도	평가어에서 강도는 화자가 자신의 태도와 느낌을 등급화하는 방법을 말한다.
Grammatical metaphor 문법적 은유	문법적 은유는 불일치 형식을 표현의 수단으로 사용하는 것이다.
Group 군	군은 절의 주요 성분이다.
Happiness 행복	행복은 평가어에서 정서의 자질이다.
Head 핵.	핵은 명사군 내의 중심적이고 필수적인 단어이다.
Headword 핵어	핵어는 핵의 대안이다.
Hypotaxis 종속 배열	종속 배열은 동등하지 않은 지위를 가진 요소들의 조합이다.
Ideational metafunction 관념적 대기능	관념적 대기능은 물리적인 외부 세계 혹은 우리의 생각이나 감정과 같은 내부 세계를 나타내는 의미 층위이다.
Ideational theme 관념적 주제부	관념적 주제부는 화제적 주제부의 대안 용어이다. 영어에서, 절의 첫 번째 주요 부문(주어, 배경적 부가어, 보충어, 서술어)이며 화자의 출발점을 나타낸다.

Identifying 식별	식별은 동일한 지시물을 가진 두 표현을 연결하는 관계적 과정의 유형이다.
Inclination 의향	의향은 평가어에서 가정의 자질이다.
Information structure 정보 구조	정보 구조는 어조군의 구조이다. 구정보와 초점 정보(또는 신정보)를 구별한다.
Inscribed 기재된	평가어에서, 기재된 기능은 명시적인 기능이다.
Instantiation 사례화	사례화는 언어 시스템의 잠재가 실제 텍스트에서 구체화되는 방식이다.
Instrument 매개자	매개자는 물질적 과정의 참여자이다. 과정의 인과와 관련된 참여자로, 행위하기 위해서, 명명되거나 명명되지 않은 의식적인 참여자를 요구한다.
Interpersonal metafunction 대인적 대기능	대인적 대기능이란 화자가 청자 또는 메시지와 맺는 관계와 관련된 의미 층위이다.
Interpersonal theme 대인적 주제부	대인적 주제부는 화자의 태도를 나타내는 비필수적 주제부이다.
Judgment 판단	평가어에서 판단은 화자가 사람들과 그들의 행동에 대해 어떻게 느끼는지 나타내는 태도의 기능이다.
Lexicogrammar 어휘문법	어휘문법은 문법적 기능과 어휘를 다루는 언어의 층위이다.
Location 위치	위치는 배경의 한 종류로, 절을 시공간 속에 위치시킨다.
Locution 발언	발언은 (직접 발화 혹은 간접 발화) 투사로, (직접 발화로) 말한 내용을 제시하거나 (간접 발화로) 보고한다.

Logical 논리적	논리적 대기능은 관념적 대기능에 포함된다. 서로 다른 요소들이 함께 연결되는 방법을 다룬다.
Logical grammatical metaphor 논리적 문법적 은유	논리적 문법적 은유는 비일치 은유 표현의 하나로, 논리적인 연결의 기능을 한다.
Manner 방법	방법은 배경의 한 종류로, 과정이 어떤 방식으로 발생하는지를 나타낸다.
Material process 물질적 과정	물질적 과정은 물리적인 성질을 가진 행위나 사건을 가리킨다.
Matter 사태	사태는 배경의 한 종류로, 발화나 생각의 화제가 되는 것이 무엇인지를 나타낸다.
Medium 매개자	매개자는 절의 능격 분석에서 나타나는 참여자이다. 과정이 일어나는 데 필수적인 참여자이다.
Mental process 정신적 과정	정신적 과정은 머릿속의 사건이다. 인지적, 감정적, 지각적일 수 있다.
Metafunction 대기능	대기능은 의미의 세 가지 주요 층위 중 하나이다. 관념적 대기능은 세계의 표상을, 대인적 대기능은 화자에 의해 구축된 관계를, 텍스트적 대기능은 메시지를 조직하는 방식을 다룬다.
Modal adjunct 양태적 부가어	양태적 부가어는 화자의 태도를 표현하는 부가어이다.
Modality 양태	양태는 명제의 타당성에 대한 화자의 판단이나 의무나 허가의 속성에 대한 표현이다.
Mode 양식	양식은 사용역의 기능이다. 메시지가 전달되는 방식을 가리키는 것인데, 가장 기본적으로는 문어인지 구어인지를 구분하여 본다.
Modifier 수식어	수식어는 핵의 왼쪽에 있는 단어로, 핵에 대한 추가 정보를 제공한다.

Mood 서법	서법은 대인적 대기능 내에서 표현된다. 기본적으로는 평서절, 의문절, 명령절로 구분된다. 이 단어는 주어와 한정어로 구성된 대인적 대기능의 서법 요소를 지칭하는 약어로도 빈번하게 사용된다.
Mood adjunct 서법 부가어	서법 부가어는 화자의 태도를 나타내는 부가어이다.
Negative 부정	부정은 극성 체계의 양 극 중 하나로, 또 다른 극에는 긍정이 온다.
Negotiation 교섭	교섭은 대인적 대기능의 성분이며, 교섭자와 잔여자의 관점에서 절을 분석한다. 이것은 서법부(서법 요소)와 잔여부 관점에서의 분석의 대안이다.
Network 네트워크	네트워크는 언어의 자원을 표상하는 일련의 선택에 의해 형성된 체계이다.
New 신정보	신정보는 초점 정보의 대체 용어이다. 어조 단위의 일부로 어조가 강조됨으로써 식별된다.
Numerative 수량어	수량어는 핵을 수량화하는 수식어이다.
Operator 운용소	운용소는 한정어를 부호화하는 단어이다.
Parataxis 대등 배열	대등 배열은 동등한 지위의 요소들을 연결한 것이다.
Phenomenon 현상	현상은 정신적 과정의 참여자로, 경험의 내용을 표현한다.
Participant 참여자	참여자는 과정에 참여하는 요소이다.
Phonology 음운론	음운론은 언어가 소리의 관점에서 부호화되는 방식에 대한 학문이다.

Polarity 극성	극성은 긍정과 부정을 구별하는 체계이다.
Positive 긍정	긍정은 극성 체계의 양 극 중 하나로, 또 다른 극에는 부정이 온다.
Possessed 피소유자	피소유자는 소유 관계적 과정의 참여자이다. 무엇을 소유, 소지하거나, 일련의 방식으로 피소유자를 포함하고 있는 참여자이다.
Possessor 소유자	소유자는 소유 관계적 과정의 참여자이다. 일련의 방식으로 소유자에게 포함되어 있는 것으로, 일반적으로는 소유되거나 소지된 무엇을 가리킨다.
Predicator 서술어	서술어는 과정을 부호화하는 군이다.
Preposition 전치사	전치사는 전치사 구를 시작하는 단어로, 전치사적 보충어로 알려진 명사군에 의해 완성된다.
Process 과정	과정은 절의 중심 요소를 형성하는 행동, 사건, 상태를 말한다.
Projection 투사	투사는 발화나 사고(직접 또는 간접)가 표현되는 논리적 기능의 특징이다.
Qualifier 후치 수식어	후치 수식어는 핵에 후행하는 단어 위계의 요소이며, 핵에 대한 추가 정보를 제공한다.
Quality 특질	특질은 배경의 한 종류로, 과정이 어떤 방식으로 일어나는지를 나타낸다.
Range 영역	영역은 물질적 과정의 참여자이다. 과정의 규모를 나타내거나 과정 자체를 재표현한다. 일부 책에서는 영역 대신 범위라는 용어를 사용하고, 능격 분석 시에 범위에 해당하는 참여자를 영역이라고 부른다.
Rank 위계	위계는 절, 군, 단어와 같은 문법적 기능 체계의 층위이다.

Rankshift 위계 이동	위계 이동은 한 위계의 단위가 다른 위계에서 기능할 수 있게 해주는 자원이다.
Realization 실현	실현은 체계 네트워크 내에서의 선택이 진행되어 나가는 방식이다.
Receiver 수신자	수신자는 물질적 과정과 정신적 과정에서 과정이 향하는 사람을 가리키는 참여자로, 수령자의 대안적 용어이다.
Recipient 수령자	수령자는 물질적 과정과 정신적 과정에서 과정이 향하는 사람을 가리키는 참여자이다.
Reference 지시	지시는 텍스트 내의 한 요소가 텍스트 내의 항목 혹은 외부 세계의 항목을 지시하는 방식이다.
Register 사용역	사용역은 맥락의 기능이며 장, 관계, 양식으로 분석된다.
Relational process 관계적 과정	관계적 과정은 두 개의 개체들 또는 개체를 그 자체의 특징 중 하나로 연결하는 과정이다.
Residue 잔여부	잔여부는 절의 서법 구조의 일부이다. 서법 요소에 포함되지 않는 부분이다.
Rheme 설명부	설명부는 절의 주제 구조의 일부이다. 주제부에 포함되지 않는 부분이다.
Satisfaction 충족	평가어에서 충족은 정서의 기능이다.
Sayer 화자	화자는 전언적 과정의 참여자이다. 어떤 것을 이야기하는 참여자이다.
Scale 등급	등급은 다양한 위계, 실현, 구체성으로 이루어진다.
Security 안정	평가어에서 안정은 정서의 기능이다.
Senser 감지자	감지자는 정신적 절의 참여자이다. 정신적인 경험을 겪고 있는 참여자이다.

Social esteem 사회적 존중	평가어에서 사회적 존중은 품평의 기능이다.
Social sanction 사회적 제재	평가어에서 사회적 제재는 품평의 기능이다.
Speech function 발화 기능	대인적 대기능에서, 발화 기능은 정보 또는 재화 및 서비스를 제공하거나 요청하는 기능으로 조합된 것들 중 한 가지를 가리킨다.
Stratum 연속체	연속체는 언어의 일반적인 층위를 의미하는 것으로, 담화의미, 어휘문법, 음운론과 같은 층위를 이룬다.
Subject 주어	주어는 하나의 군이며, 절의 한 성분(첫 번째 참여자)이다.
Substitution 대용	대용은 결속성의 자원으로, 텍스트의 앞 부분에 나온 말을 지시하는 것으로, 공동 텍스트에서 반복을 피하기 위해 사용된다.
System 체계	체계는 네트워크 내에서 이루어지는 일련의 선택들의 집합이다.
Systemic Functional Linguistics 체계기능언어학	체계기능언어학은 마이클 할리데이의 연구에 기초한 언어 이론이다. 초기 형태에서는 등급 범주 문법(Scale and Category Grammar)이라고 불렸다.
Target 표적	표적은 전언적 과정에서 가끔 사용되는 참여자이다. 비난이나 비판하는 과정 혹은 칭찬하는 과정에서 그러한 비난, 비판, 칭찬의 대상이 되는 개체이다.
Tenor 관계	관계는 사용역의 기능이다. 사용역에서 교환이 이루어지는 상황 속의 인물들 사이의 관계를 다룬다.
Text 텍스트	텍스트는 절보다 높은 층위의 위계로 간주될 수 있다. 절과 절 복합체로 이루어진다.
Textual metafunction 텍스트적 대기능	텍스트적 대기능은 절이 조직되는 방식을 다루는 의미의 일부이다.

Textual theme 텍스트적 주제부	텍스트적 주제부는 비필수적 주제부로, 해당 절을 텍스트의 나머지 부분과 연결해 주는 역할을 한다.
Thematic progression 주제부 전개	주제부 전개는 주제부가 텍스트를 통해 전개되는 방식이다. 예를 들어 이전 주제부(일관형 전개) 또는 이전 설명부(선형 전개)에서 주제가 도출될 수 있다.
Theme 주제부	주제부는 텍스트적 대기능 내의 기능이다. 이것은 화자가 절의 출발점으로 삼은 것이다.
Thing 사물	사물은 명사군의 핵에 부호화된 개체이다.
Token 토큰	토큰은 식별 관계적 과정의 참여자이다. 과정에 의해 식별되는 개체이다.
Topical theme 화제적 주제부	화제적 주제부는 절의 첫 번째 주요 부문이다(주어, 배경적 부가어, 서술어, 보충어). 이것은 절에 대한 화자의 출발점이 된다.
Transitivity 동성	동성은 관념적 대기능의 주요 자질이다. 이는 과정, 과정의 참여자, 수반되는 배경(있는 경우) 간의 관계를 다룬다.
Value 값	값은 식별 관계적 과정의 참여자이다. 토큰을 식별하는 데 사용되는 개체이다.
Verb 동사	동사는 동사군의 중심 단어이다. 과정을 부호화한다.
Verbal process 전언적 과정	전언적 과정은 의사소통을 나타내는 과정이다.
Verbiage 말	말은 전언적 과정의 참여자이다. 의사소통되고 있는 메시지의 내용을 나타낸다.
Word 단어	단어는 군의 한 성분이다.

색인